U0594442

数字经济发展路径研究

曹瑞丽　著

中国商务出版社
·北京·

图书在版编目（CIP）数据

数字经济发展路径研究 ／ 曹瑞丽著. — 北京：中国商务出版社，2023.10
　ISBN 978-7-5103-4818-1

　Ⅰ．①数… Ⅱ．①曹… Ⅲ．①信息经济－经济发展－研究－中国 Ⅳ．①F492

中国国家版本馆CIP数据核字（2023）第174569号

数字经济发展路径研究

SHUZI JINGJI FAZHAN LUJING YANJIU

曹瑞丽 著

出　　版：中国商务出版社	
地　　址：北京市东城区安外东后巷28号　　邮　编：100710	
责任部门：发展事业部（010-64218072）	
责任编辑：刘玉洁	
直销客服：010-64515210	
总 发 行：中国商务出版社发行部（010-64208388　64515150）	
网购零售：中国商务出版社淘宝店（010-64286917）	
网　　址：http://www.cctpress.com	
网　　店：https://shop595663922.taobao.com	
邮　　箱：295402859@qq.com	
排　　版：北京宏进时代出版策划有限公司	
印　　刷：廊坊市广阳区九洲印刷厂	

开　　本：710毫米×1000毫米　　1/16
印　　张：11.75　　　　　　　　　　　字　数：260千字
版　　次：2023年10月第1版　　　　　印　次：2023年10月第1次印刷
书　　号：ISBN 978-7-5103-4818-1
定　　价：84.00元

凡所购本版图书如有印装质量问题，请与本社印制部联系（电话：010-64248236）

版权所有　　**盗版必究**（盗版侵权举报请与本社总编室联系：010-64212247）

前　言

　　数字经济是由新一代信息技术与实体经济深度融合而产生的新经济形态。在经济全球化和信息化的大格局下，我国的数字经济蓬勃发展。数字经济是全球经济发展趋势，我国必须抓住机遇、长远谋划、统筹推进。

　　在中国经济进入"新常态"的大背景下，数字经济成为中国继互联网经济之后兴起的新经济形态，为中国经济稳定增长增添动力，而推动数字技术和各产业与数字经济融合创新已成为国家重点支持的方向。基于此，本书对数字经济发展路径进行研究，首先是从数字经济基础理论入手，详细分析了数字经济发展的重要性、国内外数字经济发展现状、数字经济发展的战略决策，其次对数字经济创新发展、数字化企业创新以及新发展格局下中国经济数字化路径进行总结和探讨。本书为数字经济发展提供了一定的理论依据，具有一定的理论参考价值，可供广大经济学者及企业管理者参考借鉴。

　　本书在撰写过程中，借鉴了许多学者的研究成果，在此表示衷心的感谢。限于作者精力和时间，本书内容难免会存在不足，敬请前辈、同行以及广大读者指正。

目　录

第一章　数字经济基础理论

第一节　数字经济学的产生及其研究对象

目前，传统经济理论在一定程度上已不能合理地阐释数字经济发展过程中出现的新现象与回答数字经济发展进程中遇到的新问题。要揭示数字经济发展过程中不同现象的内在联系及背后隐藏的规律，就必须通过大量数字经济发展过程中发现的相关现象与问题总结出数字经济的发展规律，揭示数字经济的范畴与本质，并最终构建数字经济理论体系框架。

一、数字经济学的产生

（一）社会环境为数字经济学提供了生长的土壤

1. 全球网民数

网络市场发展前景广阔，数字经济已成为全球经济发展的潮流。研究报告显示，截至 2021 年 1 月，世界人口数量为 78.3 亿，全球有 52.2 亿人使用手机，相当于世界总人口的 66.6%。自 2020 年 1 月以来，手机用户数量增长了 1.8%（9300 万），而移动连接总数（一人拥有多部设备）增长了 0.9%（7200 万），达到 80.2 亿。2021 年 1 月，全球使用互联网的人数达到了 46.6 亿，比去年同期增加了 3.16 亿人，增长了 7.3%。目前，全球互联网普及率为 59.5%。因为疫情对互联网用户数量的调查产生了重大影响，所以实际数字可能会更高。

2. 移动支付

移动支付是指移动客户端利用手机等电子产品来进行电子货币支付。移动支付将互联网、终端设备、金融机构有效地联合起来，形成了一个新型的支付体系。移动支付不仅能够进行货币支付，还可以缴纳话费、燃气、水电等生活费用。

移动支付开创了新的支付方式，使电子货币开始普及。

随着移动支付的不断普及，支付宝、微信支付等支付平台的不断发展，越来越多的用户开始使用手机进行移动支付。现如今，人们出行已经很少带现金，毕竟随处都可以使用移动支付手段进行付款。例如，人们乘车可以扫码付款、吃饭可以扫码付款、玩乐可以扫码付款、购物可以扫码付款。移动支付已全面融入人们的生活当中。

3. 工业互联网平台

工业互联网平台是面向制造业数字化、自动化、网络化、智能化需求，构建基于海量数据的采集、汇聚、整理、分析的服务体系，从而支撑制造资源泛在连接、弹性供给、高效配置的工业云平台。据工业互联网产业联盟发布的《工业互联网平台白皮书》，全球各地有实力的大企业都在开发内部网络系统，甚至有些公司还拥有自己的卫星通信系统。

（二）前期的相关研究为数字经济学的建立提供了理论基础

随着数字技术日新月异的进步，数字经济也在突飞猛进地发展，学界、业界纷纷将研究的视野从信息经济学、网络经济学拓展到数字经济领域，将数字经济发展中出现的一系列新现象、新问题、新理论作为主要研究内容。自从网络经济学的定义及研究对象被明确地阐述了之后，国内有关网络经济、数字经济的科研论文及相关研究报告如雨后春笋般地涌出，其中最有影响的当属我国著名经济学家乌家培对网络经济的相关论述及中国信息通信研究院、阿里研究院、腾讯研究院等机构对数字经济领域的相关研究。目前，国内外学者对数字经济的相关研究已经逐渐从数字经济活动、数字经济现象、数字经济发展过程中出现的问题逐渐深入到研究数字技术、数字经济运行的规律、数字经济的本质及数字经济发展的理论机理，这对构建数字经济学的主要内容及框架体系都是不无裨益的。

二、数字经济学的研究对象

作为经济学的新兴分支学科，数字经济学与其他学科区分开来的标志应该就在于其也像其他的独立学科一样，拥有自己独特的研究领域与研究对象。如果说数字经济学也要具体细分为微观数字经济学与宏观数字经济学，那么其具体要研究的对象与领域主要就是数字经济背景下资源的优化配置和充分利用问题。

数字经济从狭义上来说是指信息与通信技术（ICT）相关产业，但本书研究范畴主要是广义上的数字经济。因为，从根本上讲，数字经济不仅仅是 ICT 产业，ICT 产业只是数字经济的基础部分，更多的是数字经济背景下传统产业可以被数字化改造，从而不但使其实现低成本、高效率的增值，而且可以促进经济结构整体优化升级与社会运行效率的稳步提升。传统产业与数字化融合的部分才是数字经济的主要内容。从长远来看，在数字经济时代，所有的市场主体都应具备较高的数字素养与意识，都可以积极地使用数字化技术，否则将不能适应数字经济发展而终被淘汰。

本章主要分析数字经济基本知识与相关理论，为数字经济领域的相关问题提供分析方法，并运用经济学的理论和工具，较为系统地解释数字经济发展过程中出现的问题，主要包括数字经济的基本理论、数字技术、数字产品、数字技术对传统产业的改造、国外数字经济发展概况及我国如何应对数字经济冲击等。

第二节　数字经济的定义及历史演进

从二十世纪九十年代开始，移动互联网的发展拉开了数字经济发展的大幕。近年来，随着移动互联网、大数据、云计算、物联网、人工智能、无人驾驶、3D打印等数字技术的创新驱动，并逐渐向经济社会的各个领域融合、渗透发展，人们对数字经济的认识也在持续深化，即不仅使人们的生产活动、生活方式甚至整个思维方式发生了巨大的变化，也使数字经济的内涵和外延得到不断拓展。

一、数字经济的定义

数字经济也称新经济、互联网经济、网络经济、信息经济，但数字经济的内涵要远远大于仅仅指由互联网技术驱动的互联网经济。网络经济、信息经济也仅仅指数字经济发展的早期或前一阶段，即依赖信息处理技术和网络建设来驱动的信息经济发展的初级阶段，而数字经济则指的是信息经济的高级阶段。时至今日，驱动数字经济发展的已经不是固有技术本身，而是数字技术的大规模运用与不断创新。

数字经济是继农业经济与工业经济之后一种全新的经济形态，随着人们对数字经济认识的不断深化，不同时期、不同学者与机构对数字经济的定义也会存在差异。目前，各界使用最多的是 G20 杭州峰会上达成的《二十国集团数字经济发展与合作倡议》中对数字经济的定义，即数字经济是指以使用数字化的知识和信息作为关键生产要素、以现代信息网络作为重要载体、以 ICT 的有效使用作为效率提升和经济结构优化的重要推动力的一系列经济活动。

首先，从数字经济关键生产要素的角度来看，其不同于以往的将土地、能源、劳动力、资本等作为农业经济与工业经济背景下的关键生产要素，而是将富含知识和信息的数据或数字化的知识与信息作为数字经济背景下的关键生产要素，从而作为一种新的技术经济范式。数字经济在基础设施、产业结构、就业结构、治理体系上与农业经济和工业经济表现出显著不同的新特点。其次，从数字经济发展的基础与载体来看，数字经济将现代信息网络与数字平台作为载体，而不是信息初级阶段依托宽带与互联网等载体。最后，从数字经济发展的根本动力来看，云计算、大数据、物联网、人工智能、区块链等信息通信与数字技术成为数字经济发展的根本动力。总之，数字经济将数字化的知识和信息作为关键生产要素、以现代信息网络与数字平台为重要载体，通过相关数字技术的有效应用，推动传统领域的数字化转型与升级，进而实现价值增值和效率提升。

二、数字经济的具体内容

从二十世纪九十年代数字经济的兴起到现在，历经多年的发展，随着数字技术不断向农业、制造业、服务业等传统领域渗透，数字经济所包含的内容也远远超过信息通信、电子技术、软件业等 ICT 产业发展的范畴，而是融入经济社会的各个领域与层面，数字经济的内涵与外延得到持续扩展。

数字经济是以数字技术创新为核心驱动力，并通过与传统产业融合、渗透，促进传统产业数字化、自动化与智能化水平不断提高，从而加速经济升级与社会转型的经济形态。数字经济更多的是融合型经济，虽然根据现行的国民经济行业分类和统计标准，来较为准确地界定与衡量数字经济的规模存在很多困难，但对数字经济具体内容的界定日渐清晰。

（一）数字经济超越了信息产业，概念蕴意丰富

二十世纪六七十年代以来，随着数字技术的飞速发展，ICT 产业逐渐成为经济社会中创新最为活跃、成长最为迅速的战略性新兴产业部门。随着数字技术广泛应用到经济社会各行各业，不但全要素生产率得以提升，整个经济形态也得以重塑，经济社会面貌更是得到了全面改变，因此不应将数字经济简单地看作信息与数字产业。综合多方观点，数字经济包含以下两部分内容。

第一，是指数字产业化的数字经济基础部分，主要包括电子信息制造业、通信业、软件和信息技术服务业等 ICT 产业。这些产业具体又分为两种类型：一是资源型数字经济，大致对应大数据、云计算等数字技术的核心业态与应用领域，主要包括数据采集、存储、分析挖掘、可视化、交换交易等领域；二是技术型数字经济，大致对应数字技术本身及其关联业态部分，主要包括智能终端产品硬件、软件研发等数字技术软硬件产品开发、系统集成、数字安全及虚拟现实、可穿戴设备、3D 打印、人工智能等领域。

第二，是指传统产业数字化的数字经济融合部分，即数字技术对传统产业改造所带来的效率提升和产出增加的产业数字化部分。此部分在数字经济中所占比重越来越大，成为数字经济的主体部分，但却很难以准确衡量。这部分具体分为两类：一类是融合型数字经济，这类在生产过程中的融合特征较明显，主要指通过数字技术与第一、第二产业等实体经济的融合创

新应用，直接推动传统产业数字化转型升级，如智慧农业、智能制造等新型业态。另一类是服务型数字经济，主要是指服务业与数字技术的融合、应用与创新，涌现出的新模式与新业态有：一是指通过数字技术提升服务质量、培育服务新业态，如旅游餐饮、游戏娱乐、健康医疗等领域的线上线下整合协同；二是指通过数字技术的使用导致服务模式与服务形态得到创新，甚至直接提供一种新服务，如智慧物流、互联网金融、数字化会展服务等。

（二）数字经济是一种经济社会形态，也是一种技术经济范式

数字经济是继传统的农业经济与工业经济之后的一种经济社会形态，在基本特征、运行规律、相关理论等维度与传统的农业经济和工业经济相比出现了根本性变革。所以对数字经济的认识，需要我们站在人类经济社会形态发展的历史长河中，只有不断拓宽视野、范围和边界，才能认清其对经济社会的系统性、革命性和全局性影响。

此外，作为一种技术经济范式，数字技术具有基础性、网络性和外溢性等特征，不但会推动经济效率的大幅提升，促进社会阶跃式变迁，使社会成本大幅度降低，给人们的生活带来极大的便利，而且会彻底对整个经济与社会进行重塑，使人们的行为方式发生彻底的改变。

（三）数字经济是信息经济发展的高级阶段

数字经济的内涵较为丰富，既包括以非数字化的知识和信息驱动的信息经济低级阶段，也包括数字化的知识和信息驱动的信息经济高级阶段，二者共同构成信息经济。数字经济属于信息经济发展的高级阶段，特别是随着未来非实物生产要素的数字化成为不可逆转的历史趋势，数字经济必将成为未来信息经济的发展方向。信息化、数字化仅仅是经济发展的一

种重要手段，所以数字经济除了包括数字化等手段，还包括建立在数字化基础上所产生的经济转型升级和社会形态的彻底变革等数字化发展的结果。

第三节　数字经济的特征及体系

一、数字经济的特征

作为一种新的经济形态，无论是从基本特征还是规律性特征方面，数字经济都呈现出有别于传统农业经济与工业经济的独特性。

在综合多方主流研究的基础上，分别从以下两个方面予以阐述。

（一）数字经济的基本特征

1.数据资源成为数字经济时代的核心生产要素

与传统的农业经济、工业经济一样，数字经济也需要生产要素和相应的基础设施与之配套，而每一次经济形态的重塑与社会形态的变革，都会产生与之相适应又赖以发展的生产要素。数字经济背景下由于很多要素都需要数字化，所以又不同于前两种经济形态，数据成为与数字经济相适应的新的生产要素，如同土地和劳动力为农业时代的关键生产要素，资本、技术、矿产、物资为工业时代的关键生产要素一样，数字经济的关键生产要素为富含知识与信息的数据资源。随着科技研发、经济社会的各个领域扩展与渗透速度的不断加快，数据驱动创新渐渐成为国家创新发展的关键形式和重要方向。

随着数字经济的不断发展，与人类的消费、投资等经济行为相关的信息都将以数字化的格式存储、传递、加工和使用，大量数据的增加及对其的处理和应用需求催生出了大数据概念，数据已日渐成为社会基础性战略资源。同时，随着数据存储和计算处理能力飞速提升，数据的价值创造潜能大幅提升。庞大的数据资源成为企业的核心竞争力，因为企业的核心是产品和服务的创新引领能力，企业创新的核心是将用户、环境等产生的各类数据资源分析转化为对企业决策有用的知识与信息的能力，基于数据的按需生产、基于数据的生产流程改造与服务水平提升日益成为可能，谁掌握了各类数据，谁就更有优势。

随着数字技术向人类社会生产、生活的方方面面不断渗透，人们的商品交易方式与日常生活方式变得更加便捷，甚至数字技术背景下社会的全面治理方式也变得更加有效。数据已成为数字经济时代的生产要素，而且是最核心、最关键的生产要素，数据驱动型创新正在向经济、社会、文化、政治、生态等各个领域扩展渗透，甚至成为推动国家创新的重要动力。大量数据资源不仅为人类社会带来了更多新的价值增值，也为人类价值创造能力发生质的飞跃提供了不竭动力。数据要素也有一些不同于其他要素的特征：第一，数据要素具有规模报酬递增的特性，数据越多，包含的信息量越大，就越能挖掘出更多的内涵与价值，与传统经济下要素的规模报酬递减刚好相反；第二，数据要素可重复使用，多人使用，但传统要素只能一次性使用，用完就不复存在；第三，数据虽然可无限增长，又可重复利用，又具有多人共享，不排他性，甚至突破了传统经济背景下制约经济发展的资源稀缺性，但由于依赖于经济主体的消费与投资行为，数据缺乏独立性，能不能作为独立的生产要素推动经济的持续增长与永续发展仍存有疑问。

2. 数字基础设施成为数字经济发展的关键基础设施

与传统的工业经济背景下的经济活动更多架构在以铁路、公路和机场为代表的物理基础设施之上一样，数字经济活动的推进与实施也要相应的基础设施与之配套。不同的是数字经济背景下的基础设施既包括宽带、大数据、云计算中心等专用型数字基础设施，也包括增加了数字化组件的传统基础设施或数字技术对传统物理基础设施的数字化改造，即混合型数字基础设施。例如，数字化停车系统、数字化交通系统、数字化监测系统等对传统物理基础设施的数字化改造就属于混合型数字基础设施，这两类基础设施共同构成数字经济的核心基础设施，推动着数字经济迅猛发展。

综合来看，传统工业时代的经济基础设施以铁路、公路、机场、电网等为代表，数字经济时代的基础设施基于"云＋管＋端"的架构运行。"云＋管＋端"的数字基础设施通过对传统物理基础设施进行数字化改造，使得土地、水利等传统农业基础设施和交通、能源等工业基础设施趋向智能。

3. 数字技术的进步成为数字经济发展的不竭动力

人类经济社会发展从来不是循序渐进的平稳进程，技术的进步和变革是推动人类经济社会跃迁式发展的核心动力，如蒸汽机引领工业革命，ICT引发了信息革命。数字技术的普及应用与创新进步必将引发数字革命，为数字经济不断发展壮大提供核心动力。

近年来，移动互联网、云计算、物联网、区块链等前沿技术正加速进步和不断突破创新，在推动已有产业生态不断完善的基础上，孕育出更多新模式与新业态；人工智能、无人驾驶、3D打印等数字技术加速与智能制造、量子计算、新材料、再生能源等新技术以指数级速度融合创新、整体演进与群体突破，不断强化未来数字经济发展的动力，推动着数字经济持续创新发展，全面拓展人类认知和增长空间。

4. 数字素养成为数字经济时代对劳动者和消费者的新要求

就像农业经济和工业经济时代背景下某些职业与岗位对劳动者的文化

素养有一定要求一样，数字经济背景下的职业和岗位也要求劳动者具有一定的数字素养。随着数字技术突飞猛进的发展及向各行各业的不断渗透，不同于传统经济背景下的文化素养要求只限于某些职业或岗位，对多数消费者的文化素养则基本没有要求，数字经济背景下的数字素养甚至有可能会成为未来所有劳动者和消费者都应具备的重要能力。特别是在未来的劳动力市场上，谁具有较高的数字素养，拥有突出的数字技能和专业技能，谁就会脱颖而出。此外，数字素养被联合国认为是与听、说、读、写同等重要的基本能力，数字素养被确定为"数字时代的基本人权"。劳动者不具备数字素养将很难胜任未来的工作，更不可能在工作岗位上脱颖而出；消费者如果不具备基本的数字素养，将很难在市场上识别、购买到满意的产品，更谈不上正确、方便地享用数字化产品与服务，而成为数字经济时代的"文盲"，可见数字素养将与文化素质、专业技能一样，成为未来的劳动者与消费者必备的基本素养，成为数字经济发展的关键和重要基础之一。

5. 数字经济平台生态成为数字经济背景下的主流商业模式

（1）平台生态化成为数字经济背景下产业组织的显著特征

作为数字经济2.0的基础，数字平台依托"云网端"等数字经济基础设施，汇聚了数字经济背景下的数据等关键生产要素，创造出了全新的商业环境，不仅改变了单个企业的运行模式与达到规模经济的条件，消除了传统商业模式下产品从生产者到消费者过程中存在的层层分销体系，使交易成本大幅度降低，而且依托数字技术，各种类型、各种行业的中小企业借助市场范围极为广泛的数字经济2.0平台，不仅可以摆脱规模小的不利影响，也不再受时间与空间地域限制，使全球各地的消费者和商家能够实现超大规模的协作，即商家因获得更多直接服务消费者的机会而获得了较多的利润，全世界消费者的福利水平也因借助数字平台获得了大幅提升。

（2）数字平台有助于资源的优化配置，促进价值创造与汇聚

一方面，传统的企业组织加快向数字平台转型的步伐，包括 ICT 企业与传统制造业。另一方面，从二十世纪九十年代到现在，制造业、商贸、物流、交通、旅游等各垂直细分领域数字平台快速涌现，加深了资源优化配置的程度，其市值增速也远高于传统企业。

（3）数字平台推动价值创造主体实现多方互利共赢

不同于工业经济时代传统企业作为价值创造主体采取的上游原材料采购、中游加工生产、下游销售及售后服务的最终品线性价值创造模式，竞争对手越少，利润越丰厚；也不同于传统经济下买卖双方集中在规模有限的大型超市等实体平台实现点对点交易。数字经济时代，不论是新兴平台企业还是传统转型企业，依托互联网平台，通过整合相互依赖的产品和服务供给者，以去中心化为原则的自动匹配算法作为技术支撑，不但可达到较大规模，而且容易形成低成本、高效率的点对点联结，并促成它们之间的适度竞争、交易协作与共同创造价值，从而形成强大的竞争力。本质上是数字经济背景下的价值创造主体通过广泛采取开放平台策略，有效整合上游供应商、中游竞争者与下游客户群体，由传统的竞争模式转向共建互利共赢的生态系统模式，增强了平台整体及各价值创造主体的吸引力和竞争力，从而可共同抵御外部环境带来的冲击。随着大量企业与消费者的入驻，国内数字企业也都采取开放平台战略，平台的价值不断增加，整个平台的竞争力也得以不断提升。

6. 数字产业的基础性、先导性作用突出

历史上，每一次科技变革和产业革命进程中，总有一些率先兴起、发展迅速、创新活跃、外溢作用显著的基础性、先导性产业会引领带动其他

产业的创新发展。与交通运输产业、电力电气产业、信息产业分别成为蒸汽技术、电气技术与信息技术三次科技革命推动产业变革的基础先导产业类似，集中大数据、云计算、物联网、人工智能、3D 打印等数字技术研发的数字产业成为驱动数字经济革命的基础性、先导性产业。作为技术密集型产业，数字产业的基本特点就是持续动态创新，不仅引领带动作用大，强大与活跃的创新能力更是其竞争力的根本保证。受此驱动，数字产业成为研发投入的重要领域，目前全球数字产业在经历早期快速扩张后已经步入稳定发展的轨道，并成为支撑全球各国经济发展的战略性产业。

7. 多方融合成为推动数字经济发展的主引擎

（1）数字产业与传统产业融合

随着数字技术突飞猛进的发展，人类经济社会逐渐从传统农业经济、工业经济阶段过渡到数字经济阶段，人类经济活动空间不断从物理空间转移到虚拟网络上，而随着传统行业数字化进程的加快，人类经济活动又从线上、不断向线下、实体空间扩展。这主要表现在两个方面：一方面，数字平台不断向线下拓展，甚至收购传统的制造、批发、零售等行业企业，构建出新娱乐、新零售、新制造、新金融等一系列新产业与新模式，不仅大大扩展了人类经济社会活动的空间，也使人类的物质与精神社会生活更加丰富多彩；另一方面，传统实体领域的行业企业，如制造、金融、物流、娱乐等企业，不断加大数字化融合、改造与创新的力度，将数字化融入企业战略管理、研发设计、生产制造、物流运输、售后服务等多个流程环节，出现了智能制造、智慧物流、数字金融等新型业态，如国内传统企业数字化、网络化、自动化、智能化转型步伐的加快，不仅使传统行业的生产效率得以不断提升，而且改变着消费者的行为活动方式。

另外，随着数字产业与传统产业的日渐融合，整个经济社会发展空间也得以不断提升。一方面，数字经济加速从消费向生产、服务，从线上向线下传统产业渗透、拓展，O2O（在线到离线／线上到线下）、分享经济、众包、众筹等新模式、新业态持续涌现，不断提升着资源利用效率和人类生活体验；另一方面，数字技术对传统产业的改造和融合带来的效率提升与产出增加，已日渐构成数字经济的主要部分，成为不断驱动数字经济发展的主引擎。

纵观历史，伴随历次科技革命，先导性产业最先兴起，其占经济总量的比重日趋减少，而新技术与传统产业的融合越来越成为经济发展的主引擎，成为历次技术变革的铁律。蒸汽技术革命时期，英国的纺织等先导性基础产业占 GDP 的比重一度超过 40%；电气技术革命时期，化工等先导性基础产业占 GDP 的比重已下降到 20% 左右；信息技术革命时期，主要国家ICT 产业等先导性基础产业比重稳定在 6% 左右。如今在数字技术与数字经济发展阶段，虽然主要经济体数字产业产出占其经济总量的比重还没有精确的数值与准确的计量，但毋庸置疑的是，数字技术对传统产业的渗透、融合、改造、创新带来的效率提升和产出增长，已经成为推动国民经济增长的重要组成部分与全球经济发展的主引擎。

（2）人类社会、网络世界和物理世界日益融合

随着数字技术日新月异的发展，网络世界不再只是人类生存物理世界的虚拟映象，而是成为人类实实在在的新的生存空间与主战场。同时，数字技术与实体物理世界的融合，也使得现实物理世界的发展速度逐渐向网络世界靠近，甚至逐渐呈现出指数级增长趋势，这主要是因为在物联网技术与数字平台发展的基础上，随着多功能传感器、可穿戴智能装备、人工智能等的日益普及，人类经济社会进入人与人、人与物、物与物的万物互联时代。随着无人驾驶、虚拟现实、增强现实等数字技术的发展，又出现

了强调机器和人类甚至在不同机器之间实现有机协作与良好沟通的"人机物"融合的信息物理生物系统，这一系统的出现不仅改变了人类经济活动空间，而且实现和改变了网络世界与人类物理世界的无缝衔接及交互方式，使人类走进一个网络世界、物理世界与人类社会三者互联互通的新世界。

8. 多元协同数据治理成为数字经济的核心治理模式

数字经济2.0是一个去中心化，平台、企业、消费者等参与主体更加多元的复杂生态系统。线上线下、物理世界与虚拟世界、跨行业跨地域出现的新老问题不断汇聚，这就要求过去仅依靠传统的集中单向、侧重控制的政府封闭式监管的社会治理模式，逐渐向平台、企业、用户和消费者等数字经济生态的重要参与者多元参与、侧重协调的、开放协同的数据治理模式转变。首先，犹如大型跨国公司为传统工业经济背景下配置和协调资源的基本单元，数字平台是数字经济背景下的重要组织形式，平台既有治理优势也有治理责任和义务，所以数字经济的治理要发挥平台的枢纽作用，将平台纳入治理体系，借助平台规则，在合理界定政府、平台、第三方的责任的基础上赋予其一定的治理职责范围，有助于平台上出现的各类经济问题的治理；其次，数字经济时代，参与数字经济活动的各类主体均应积极协同与平台相关问题的治理，特别是要激发大量依托平台企业和与网络消费者参与治理的积极性和能动性。只有让他们积极加入数字治理的行列中来，才便于形成遍布全数字平台与全网的全民治理体系，进而便于对数字经济发展进程中出现的较为复杂的海量分散的问题进行有效治理，如淘宝的大众评审机制，就是典型的平台治理模式；最后，在数字经济背景下，面对各经济主体纷繁复杂的消费与投资等经济行为数据，利用大数据、云计算、人工智能等先进数字技术，实现治理手段的精准化、适时化、智能化，能更好地解决数字经济背景下出现的问题。

（二）数字经济的规律性特征

虽然全球数字经济发展正从成长期逐渐过渡到成熟期，许多规律性的特征还没有充分体现出来，需要在未来数字经济发展过程中不断探索与挖掘，但许多学者已总结出关于网络经济和传统经济的种种不同的特征，可以在其基础上对数字经济的规律性特征加以简单描述。

1. 数字经济是昼夜不停运作的全球性经济

由于信息与数字网络每天 24 小时都在运转中，基于互联网、大数据、云计算等数字技术的经济活动不会受时间因素的制约，可以全天候地连续进行。由于信息与数字网络、数据的全球流动将整个世界变成"地球村"，全球各地的地理距离变得不再遥远，基于数字技术的经济活动将空间因素的制约降到最小，使整个经济的全球化进程大大加快，世界各国经济的相互依存性得到空前加强。随着数据全球流动速度不断加快，数字经济逐渐成为主导经济全球化的主要驱动力。

2. 数字经济是去中介化的虚拟经济

由于移动互联网等数字技术的发展，经济组织结构日渐扁平化，消费者和生产者之间的直接联系与沟通更加便捷，除了因某些交易的复杂性而需要专业经纪人与信息服务中介，一些交易根本不需要过去更多的分销、批发与零售等中间环节。另外，数字经济是虚拟经济，与线下物理空间中的现实经济相对应、相并存、相促进。数字经济是指在数字技术背景下数字网络构筑的虚拟空间中进行的经济活动，经济的虚拟性更多源自转移到线上网络空间经济活动的虚拟性，而并不是指期货、期权等虚拟资本形成的虚拟经济。

3. 数字经济是合作大于竞争的开放经济

工业经济时代，通过上游采购原材料、中游加工生产后再向下游出售最终品和提供售后服务，传统价值创造主体形成的是线性价值增值链，每个价值链环节上的竞争对手越少，其利润就越丰厚，其目标是消灭竞争对手；数字经济时代，不论是新兴平台企业还是传统转型企业，都是相互依赖的产品和服务的供给者，平台更多的是采取开放策略，构建互利共赢的生态系统，以增强平台的吸引力和竞争力。平台企业之间虽存在适度竞争，但更多的是交易协作与共同创造价值的关系，即合作远大于竞争。企业可持续的竞争优势主要不再依靠自然资源的占有或可供利用资金的多少，而是更多的依赖相互合作共享更多信息和知识数据。只有在相互协作中，企业的活力与应变能力才能不断提高。

4.数字经济是速度型经济

数字经济成为速度型经济，更多是由数字经济的规模报酬递增或外部性导致的，哪家企业能够以最快的速度实现规模经济，这家企业就会越来越强。数字技术日新月异，在数字技术支撑下信息传输速度、产品升级换代的速度在加快，创新周期在缩短，竞争越来越成为一种时间上的竞争。不论是生产制造型企业还是生产服务业企业，谁可以用最快的速度收集、处理和应用大量的数据，第一时间将纷繁复杂的数据变为可供企业决策、生产的知识与信息，其就能满足消费者多样化的定制需求。

5.数字经济是持续创新型经济

数字经济源自移动互联、大数据、云计算等数字技术，以此为基础的数字经济属于技术与研发密集型经济，其强调教育培训、研究开发，否则就不能称为新经济。另外，数字经济又超越数字技术，技术的创新更多来自有利于创造性发挥的组织环境、制度环境、管理观念与激励机制，所以在技术创新的同时还需要有组织创新、制度创新、管理创新与观念创新等的配合。

同时，数字经济是持续创新的经济，否则其新经济的"新"也就难以维持了。例如，移动端微信或支付宝支付在我国发展得如火如荼，但如果能研发出集众多信息，如集医疗、养老保险信息于一张卡（如身份证）上，只要通过扫描个人所有的信息都可显示出来，这不但为身份识别提供方便，为移动支付带来极大便利，而且能通过先进的人脸识别技术，识别消费者每月收入、名下贷款等个人信息，从而可以从其账户上直接扣除相关费用，完成支付。因此，数字经济不但是创新型经济，更需要持续创新。只有持续创新，数字经济才能永葆活力。

6. 数字经济是注意力经济

数字经济背景下每个人都置身于海量信息的包围中，企业只有独树一帜才能获得注意力，博得更多的关注，迅速聚集到大批用户或粉丝，并在激烈的竞争中胜出。故而涌现出许多免费的新商业模式，如先通过聊天，短期聚集大量用户，然后再开通移动支付、电商理财以及生活服务等众多商业功能的应用程序；通过分享自己的生活方式，个性表演或展示法律、交通、医学等专业知识等，聚集大量粉丝获得关注，使个人也成为品牌，再通过接广告展示和营销商品，或者直接将社交流量出售给广告商来变现的短视频直播平台模式；按付费多少决定搜索到的商品、服务、企业及其他内容的排名的竞价排名模式，排名越靠前，受到消费者的关注度越高，其潜在的商业价值就越大。这些新商业模式都是通过博得眼球，争夺用户注意力，最后再变现。

此外，在数字经济背景下各智能互联及数字平台都通过数据挖掘技术，抓取、记录用户在互联网上的行为数据，进而分析出用户的行为特点与需求。只要用户曾经在网上搜索或关注过某方面的内容，相关平台就会记录并据此向消费者智能"推送"类似本地化的可方便获得的个性化服务，更精确地实现内容传输与受众注意力的匹配，在碎片化信息过载的数字经济环境中，对大量信息进行过滤和选择，以满足追求个性化的消费者的需求，进而帮助企业赢得市场和创造更多的价值。

7. 数字经济是传统边界日益模糊的经济

在传统农业经济与工业经济时代，生产者和消费者之间的界限是泾渭分明的，企业组织只有通过层层沟通结构构建起明显的企业边界与社会区隔，才能获取到比竞争者更完全的消费者需求信息，进而有效降低其交易成本，不同行业之间也由于明显行业边界与技术和市场壁垒的存在而难以融合发展。与传统农业经济和工业经济背景下的供给与需求经济活动有明显的区分、生产者和消费者之间也有非常明显的界限不同。数字经济背景下，随着数字技术日新月异的发展，个人与企业之间的传统边界日渐模糊，出现了更多的产销一体化与无边界组织。

在供给方面，借助数字技术，伴随着生产者与消费者之间距离的拉近，一方面，企业内部组织结构中纵向的供应链环节不断减少，以往科层式的组织结构不断向消费者倾斜，并越来越呈现出扁平化的特征；另一方面，同一行业甚至不同行业之间的边界也日渐模糊，不同领域的企业之间在数字技术的作用下，依托数字平台可以打破企业与行业之间的边界，通过更多的跨部门和跨行业协作，实现不同商业模式的交融整合，从而实现更大的创新。目前，许多行业企业通过数字化改造，已实现了通过大数据技术挖掘用户的多样化、个性化需求与建议这个目标，有针对性地设计、开发新产品，这样企业在提供产品和服务的过程中就可以充分考虑与结合用户的需求。

在需求方面，消费者需求的大数据分析成为新产品开发的原因，消费者的创意可以融入企业产品的设计过程中。在数字技术背景下，随着消费者行为数据透明度的增加，不但研发设计环节可融入更多消费者的创意，而且消费者在企业产品与服务精准广告投放与大数据营销的指引下，完全可以参与到产品"生产"的全过程中，即如果消费者在生产、消费过程中发现问题，可将意见或建议通过网络或数字平台及时反馈到企业产业链各个环节。这种消费者参与生产和消费新模式的出现，使原来的企业生产由大批量、大规模、模块化、标准化、同质性产品向小批量、分散化、多品种、个性化、多样化、异质性产品转变，甚至包括单品单件，按订单精准生产，用户可全程参与其中。这样消费者的需求、企业的生产和企业上下游供应链等多种相关数据可以在数字网络中自由流动、高效传输与应用，不仅改变了传统的价值创造体系与创造过程，使需求导向生产、产销一体的生产模式成为现实，进而创造出非凡的价值，而且消费者可通过3D打印设备自行"生产"一些商品，完成产销一体的全过程。

可见，在网络化、数字化、自动化生产组织过程中，数字产业链的不断扩张，不仅将商品的研发设计过程、加工生产过程、服务提供过程与消费者联结起来，而且将广告精准投放、顾客建议、原料采购、智能制造、大数据营销、智慧物流配送、售后问题预测与服务、消费体验反馈全部容纳进来，形成全纳产业链，使商品和服务的全过程得以重塑，资源配置的效率也会得到极大的提高。

此外，在社会治理与公共服务供给层面，各地各级政府可借助数字技术通过电子政务、数字政府、"一站式"政府建设等多种渠道广泛听取民意，及时了解与分析相关经济社会数据，进而实现科学决策、精准施策，从而有助于提高问题的解决效率，提供更好的公共服务。公众则能够更容易地利用社交网络和政府公共数字平台参与社会治理事务，在不同的政府决策与大量的民意数据通过数字平台汇聚、交融、碰撞下，政府管理与提供公共服务的理念和方式也会随之发生改变。只有通过数字平台更加开放地调查了解与征求意见，更加透明地进行决策和更加全面地为所有民众提供高质量的服务，才能不断引导网络民众，凝聚民心，提高政府公信力。在全球层面，在数字技术作用下，世界不同地区间的经济往来、民间交流将更加活跃，不同文化之间的交融、汇聚将更加频繁，数字技术、数字产品将会在经济、政治、教育、文化、生态等越来越多的领域产生跨地域、跨国界的深远影响。

8. 数字经济是普惠化的经济

在数字经济 2.0 环境中，人人都是平等的，不论是在科技、金融还是贸易领域，每个人不论地位高低、贫富及身体状况，都可以平等地传播信息、交流沟通、发表评论、经商创业，每个人都可以平等地共享数字经济带来的好处，这就是数字经济"人人参与、共建共享"的普惠化特点。

在普惠科技方面，以宽带、大数据、云计算为代表的按需服务业务使得个人及各类企业都可以只要付出极低的成本就轻松获得其所需要的搜索、计算、存储功能；在普惠金融方面，以互联网信用为基础的新型信用评分机制，通过大数据统计可以使不同规模的个体得到精准的风险评估，从而让更多的个体更快享受到适合其金融信贷服务；在普惠贸易方面，数字经济背景下国际贸易信息更加充分，贸易流程更加方便透明，不论规模大小，各类企业甚至个体都能参与到跨境电商中，消费者都能方便、快捷地购买来自全球任意地点的商品，真正享受到"卖全球"与"全球买"的红利，而贸易秩序也将更加公平、公正；在共享经济方面，数字经济时代下数据自由流动与信息传送速度不断提升，使经济社会各个层面实现自由高度联通，进而引起大量资源的重组、聚合与合理流动，使交易成本和资源配置优化的成本降到最低，广大社会民众只需要通过付出少量的代价就可聚合社会上大量的闲散碎片资源，并创造出更大的价值，使资源利用效率达到最大化。另外，在数字技术作用下，他们可以借助数字平台还可实现资源在全球范围内的组合与重新优化配置，这既为全球节约了闲散资源，提升了全球资源配置的效率，全球消费者也可享受到更低价的服务，而服务提供者却可以收获更大的额外收益，供给端、需求端以及整个社会都可获益，全球福利水平由此会得到提高。

二、数字经济的体系架构

（一）数字经济的主要因素

要发展数字经济，首先就要在发挥好数据等要素的作用基础上，促进数字技术与数字产业的快速发展，进一步促进数字技术与传统产业的融合、渗透、改造与创新，并建立起有效保障数字经济新模式、新业态、新产品发展的市场和政府保障框架，进而不仅会促进生产率的进一步提升，也会促使整个经济社会进一步转型升级。数字经济的主要因素包括生产要素组合、数字技术与数字经济发展的相关制度环境。

一是生产要素组合。不论是农业经济、工业经济还是数字经济，都有推动其发展的某种或某几种重要的生产要素组合。例如，土地与劳动力为农业经济背景下的主要生产要素组合，资本、劳动力为工业经济背景下的主要生产要素组合，数字经济背景下的主要生产要素组合为富含知识和信息的数据、数字技术与数字基础设施等。随着数据的重要性不断提升、数字技术的不断迭代创新、数字基础设施的升级换代，数字经济将得到更快的发展。

二是数字技术及数字产业。科学技术是第一生产力，正如在前几次产业革命中机械化、自动化、电气化、信息化等技术变革推动了社会的不断进步与繁荣，大数据、云计算、物联网、人工智能等数字技术及相关产业的发展正推动着数字经济的发展。在数字经济背景下，由于存在更多的外部性、正反馈作用，只有那些能够解决消费者痛点、满足市场需求而被不断更新的数字技术与数字技术产业，才能成为受众多企业和广大消费者青睐的对象。随着民众收入水平的不断提高与消费需求的不断变化，数字技术及其相关产业也需要不断演进、升级与创新，以更好适应与满足市场和消费者需求，否则就会被淘汰。数字技术与数字产业的发展构成数字经济的基本内容，随着数字技术对传统产业的融合、渗透、改造与创新作用的进一步发挥，数字经济也在不断向更高级形态演进。

三是制度环境。数字经济属于知识与技术密集型经济，更有效的市场和更有为的政府能为数字经济的发展提供良好的制度保障。因为更加公平、有序、高效的市场机制在数字技术升级、换代与创新中的作用巨大，不仅可激励充分竞争、打破垄断，也可降低交易成本、促进共同协作，使数字经济的普惠与包容特征得以充分展现。此外，数字经济发展过程中也离不开更有为的政府调节，政府既不能越位也不能缺位。综观全球数字经济发展进程，那些在数字经济发展进程中制定前瞻性的政策与战略指导框架，为数字经济发展提供更多的财税优惠、资金扶持、产业发展指导等政策支持的国家可以充分激发企业投资数字技术研发的热情，数字产业以及数字技术对其传统产业的带动都取得了较快的发展。

在数字经济发展进程中，只有充分发挥富含知识与信息的数据、数字技术与数字基础设施要素组合的关键作用，并通过更高效的市场制度环境激励和更有为的政府调节与引导，营造促进数字技术快速迭代与创新的良好环境，才能不断推动数字经济得到更快发展。

（二）数字经济层级体系

综合前面的分析，结合当前我国数字经济发展的具体实践，数字经济体系的具体层级大致可以分为：数字基础设施与数字技术的支撑层，促进数字经济发展发挥重要作用的数据层，建立在支撑层和数据层基础之上的商业层，为整个体系制定治理规则和制度安排的治理层。

1. 支撑层：数字基础设施与数字技术

数字经济的支撑层是以数据中心、云计算中心、移动智能终端等为代表的数字基础设施，与以大数据、云计算、物联网、人工智能、区块链、3D 打印等为代表的数字技术通过融合应用，为企业获取、商业活动开展与数字经济治理提供支撑的基础层级。

2. 数据层：作为关键生产要素的数据

作为数字经济核心生产资料和生产要素的数据，需要在支撑层数字基础设施的基础上，借助数字技术，从各种各样的智能终端收集，并经过网络传输到云端的大数据平台，再进行存储、整理、筛选、加工、分析和共享，通过人工智能、数据挖掘、深度学习等相关算法才能上升为知识与智慧，指导行业生产实践，进而实现其在不同业务场景的应用价值。如同石油和煤等自然物质资源为工业经济时代的能源一样，物理世界在虚拟空间的客观映射的数据则是数字经济时代人类自己创造的可再生、可反复多次被多人同时使用的新能源，未来随着物联网等数字技术的不断发展，人与人、人与物、物与物之间万物互联的海量数据都会被记录、存储、整理、加工、分析并产生更大的价值。

3. 商业层：商业活动

商业层是建立在支撑层和数据层基础上的不同产业的商业活动，既包括数字产业的发展，也包括数字技术对传统产业的渗透、融合、改造与创新，还包括数字经济下催生出的新模式、新业态、新产品，以及这些活动对相关的产业、组织结构与就业方式的影响等。

4. 治理层：数字经济治理

在数字经济发展进程中，与之相关的新问题也不断出现，传统的工业经济背景下的治理体系在数字经济背景下出现的新问题面前显得力不从心。数字经济背景下以巨型平台为依托，依靠其生存的海量中小微企业之间更多是协同合作、互利共赢的关系。另外，巨型平台之间也需要一定的合作，这与传统工业经济背景下企业之间的博弈存在着本质的不同。原来传统经济治理结构中的利益格局将面临深刻调整，原来传统经济背景下的集中统一监管方式将被更新的协同监管代替，原来传统工业经济背景下的治理领域将向更新、更重要的治理领域转变，所以数字经济的治理，不论是在治理原则、治理领域还是在治理方式上与传统工业经济都会有所不同，由此必然产生适应数字经济普惠、共享、协同等特征的普惠治理规则和促进共享的治理原则，以及基于数据的协同与大众治理方式。

总之，数字经济体系架构中的不同层级与数字经济的因素构成对应关系，即支撑层和数据层与数字经济因素构成中的要素组合对应；商业层与数字产业及数字技术对传统产业的带动对应；治理层与制度环境的保障作用对应。

第二章　数字经济背景下的理论创新

第一节　数字经济对传统理论的冲击

当传统经济理论赖以存在的经济基础受到了数字经济的巨大冲击，数字经济背景下出现的许多问题可能无法运用传统的经济理论予以解释时，传统的经济理论则需要重新审视与不断创新。总体来看，数字经济的发展给传统经济理论带来的冲击体现在对资源稀缺性、信息对称、理性人、完全竞争等经济学基本假设与相关原理，以及对从微观、中观到宏观的基本理论，如消费者理论、生产者理论、产业经济学理论、经济增长与经济周期理论等一些具体领域上。

一、对经济学基本假设与相关原理的冲击

（一）对经济学基本假设的冲击

1. 资源稀缺性：从相对稀缺到相对不稀缺

在传统农业经济、工业经济时代，虽然经济发展与人类物质生活水平的提高要依靠科学技术的发展和劳动者技能的提高，但更突出地表现为其对自然界资源的掠夺性索取与破坏，这种发展方式不仅不可持续，造成环境的污染和资源的大量耗费，还将给下代人的生活带来负担与压力。因此，

在传统经济中，各类资源的获取需要付出大量成本，再加上资源相对人类无穷的欲望而言总是稀缺的，这就是传统经济学资源稀缺性的基本假设。在数字经济时代，数据将成为最重要的关键性资源，不仅具有非排他性，可被多人同时重复利用，而且可以再生与急剧增加，因此传统经济时代中资源的稀缺性有可能不再成为制约经济发展的瓶颈。但要指出的是，只有经过收集、加工、整理后的数据才会变为富含价值的信息，而这中间需要耗费人力、财力与物力，所以也是有成本的，这样的知识和信息特别是高价值的知识和信息仍然稀缺，可能还得为之支付高昂费用。随着数字技术不断向前发展，获取有价值的数据也会更加容易，与农业经济和工业经济时代相比，数字经济时代，数据资源稀缺程度可能会相对没那么严重，或相对不稀缺，但数据的产生更多依赖经济主体的消费、投资等经济行为。

2. 信息完全：从信息不完全到信息相对完全

在古典经济学中假设信息完全。其实传统经济学认为信息是不可能完全的，这是因为信息的获取会受到信息的分散性、获取信息的成本、人们的认识水平以及个人机会主义的限制。在交互性和实时性更强的数字经济背景下，借助大数据、云计算等数字技术，人们可克服信息的分散性，降低获取信息的成本，相对传统经济时代可以更迅速、更低成本地获取各种市场信息，使得信息不对称程度比传统经济时代有所降低与弱化，而由于人们自身知识结构与认识水平的不足以及机会主义的存在，再加上每个追求自身利益最大化的经济主体，都会在获取信息的成本与收益之间权衡，他们也做不到让信息完全与信息对称，只能比传统经济时代更完全或相对完全。

3. 理性经济主体：从有限理性到高度理性

在传统经济理论中，假设经济主体可以不用花费任何成本就可及时获得充分的信息，即在信息完全的情况下，人们都是追求自身利益最大化的理性人，即经济主体的完全理性假设。后来的研究发现，获取不同的信息需要花费成本甚至付出高昂的代价，经济主体就会在信息完全与否之间做出选择，大多情况做不到信息完整，由此经济主体的理性也做不到完全理性，而是有限理性。

然而，在数字经济时代，人、财、物等信息高度互联互通，市场信息也极为丰富，经济主体能够比原来更低成本、更及时地获取较为充分的市场信息，并据此做出更为科学和理性的决策，所以，经济主体的理性将大大超出"有限理性"，变为高度理性。此外，人们通过获取到的相关信息就能够广泛得知他人的行为，从而"随大流"形成互联网的聚合行为就会成为经济主体的主流选择。所谓的"流行性"越来越操控着人们的选择行为，此时的市场具有了"自我放大"的机制，原来市场机制发挥作用的机理已经发生了变化。人们相信口碑和好评率是经过他人智慧筛选过的集成信息，但是有时获得的这些信息不一定是准确的。例如，仅凭对网上产品的口碑或好评率决定自己要不要购买，这样做有时会不太理性，即使好评率是发自消费者内心的，不是被迫好评，不同消费者对不同产品的质量、颜色、款式的偏好都是不一样的，而仅依据口碑或好评率就决定自己要不要购买甚至也只能通过查看好评率来决定自己要不要购买，这样做在一定程度上并不能算作理性。如果产品没有好的口碑或好评那么真实，或者别人认为好的不一定适合自己，甚至最后有消费者发现口碑与产品不符，即有不实评论，相信口碑和好评很快就会消失。所以要通过有效监管使好评和差评都能让消费者看到，只有确保评论的真实、客观、有效，方能表现出极强的市场信号意义。此外，分析数字经济时代人们的行为方式，除了要置于经济学的市场机制框架下，还有赖于综合心理学、社会学等许多学科理论的融合创新。总体来说，数字经济时代还是比传统经济时代的信息更加充分，人们的行为方式变得更加理性。

4. 完全竞争：从完全竞争到协作创新

在传统经济理论中，假定有无数个买方和卖方，将竞争作为经济主体之间发生联系的重要方式，并认为竞争是完全的，即完全竞争。虽然后来经多次修正，承认现实中其实是竞争与垄断并存的，但总体来看，传统经济理论更多的还是强调竞争。在数字经济时代，将更多强调合作和创新，强调企业主通过与上游供应商、中游竞争对手、下游顾客的协作创新，实现"双赢"与"多赢"局面，来获取更大的市场份额，进而提升自身竞争力，以应对外部环境和激烈的市场竞争。需指出的是，名义上是平台、供应商和消费者借助平台合作，供应商和消费者通过平台发生了更紧密的联系，如消费者通过平台参与厂商的研发、设计、生产等过程，而供应商依托平台促进营销与售后服务，都脱离不了平台。产品从厂商到消费者手中虽然少了一级代理、二级代理、批发商等中间渠道，但多了一个平台，就像传统经济离不开代理商一样、批发商，数字经济时代中的厂商和消费者更离不开平台，所以不同平台之间的竞争将更为激烈，并且大的平台更容易吞并小平台，形成垄断之势。协作创新是指平台上不同企业通过协作加速产品、流程、工艺、功能等尤其是技术的创新活动，使竞争方式发生转变，从而进一步提高产品的多样性和差异性，以此来满足消费者的个性化需求。

所以，其实一个平台生态里面的主体更多的是通过协作创新共同将"蛋糕"做大，不同平台之间则更多的是充满"大鱼吃小鱼"的激烈竞争，并且大平台更有可能会增加垄断之势，这与传统经济背景下的竞争原理有很大不同。

（二）对经济学基本原理的挑战

1.传统经济学中的边际效用递减与数字经济学中的边际效用递增

不论是传统经济还是数字经济背景下的边际效用递减或递增，都应是从需求侧的角度，对消费者的追求效用最大化行为做出分析。

传统经济背景下的边际效用递减，是指随着消费者消费的商品数量的不断增加，最后增加的一个单位同种同质传统产品的消费给其带来的冲击及满足感，即效用是不断降低的。这样富人边际消费倾向低于穷人，如果整个社会能把富人的财富适当转移给穷人，则能实现社会整体效用的增加。传统经济背景下的边际效用递减，强调消费者获得的是用于满足其有限的物质需求或基本生理需要，在质量和性能上属于同质的产品。例如，对某一食品简单重复消费给消费者带来的边际效用是递减的，而消费者获得的是在质量和性能上更优的产品，随着消费数量的增加，带给其的效用应该会递增。

数字经济背景下的边际效用递增，是指某一数字平台或数字产品，用户使用量或用户规模越大，由于外部性的存在，带给每个消费者的效用就会越大。例如，微信使用者的增加，就会给使用微信的人与更多的人沟通交流带来极大的便利，获得更好的协同价值，消费者的边际效用就会增加。数字经济时代，数据与财富存在的是边际效用递增的规律，即经济主体拥有富含信息的数据越多，数据的增加可能会使经济主体对相关标的了解越全面，减少信息不对称，即每增加一条富含信息的数据，该主体的边际效用也就会增加。这里面没考虑到数据的质量问题，数据富含的信息越多、越充分，信息不对称性就越小。因此经济主体不但要考虑数据的数量，更要考虑数据的质量，这就有赖于对数据的筛选，进而萃取出有价值的信息。总之，不是数据量越大越好，而是高质量、更准确的数据越多越好。

可见，数字经济背景下的边际效用递增则是指随着消费者对满足其社会或精神的无限需求、质量、性能不断改进的数字产品的消费数量不断增加，给其带来的满足感或效用是不断递增的。也就是说，如果消费者获得的异质或不同的知识量不断增加，则会实现融会贯通，产生更大的效用，给其带来更大的满足感，进而希冀获得更多的知识。因为新知识的接受需要一定的知识基础，一个缺乏知识的人，在获得新知识后他可能发掘不出多少价值，而知识渊博的人新增一点知识量就会从中发掘更多的意义，即其获得的知识越多累积效应就越强。如果让消费者花同样的钱去消费同质的数字产品，给其带来的效用就会边际递减。例如，增加同一位歌手的数字音乐消费，消费者一定不会为第二件同样的产品付半分钱的费用，但如果这个产品是在音质上有很大的改善，消费者就愿意为之支付高昂的费用，因为这给其带来的效用更大。

所以，边际效用递增还是递减其实与数字经济没多大关系，与传统产品和数字产品也没多大关系，关键是看消费者消费的产品是在质量性能上同质还是更优，其目的是满足有限的物质与生理需求还是满足无限的精神或社会需求，是知识与技术含量较低的简单产品还是知识与技术含量更高的复杂产品。

2. 传统经济学的边际成本递增与数字经济学的边际成本递减

不论是传统经济学的边际成本递增还是数字经济学的边际成本递减规律，都是从供给侧的角度分析企业如何供应商品，进而达到利润最大化的行为，但二者仍有差别。

传统经济学中的边际成本递增，是指假定生产产品只有两种要素，当其中一种要素固定，增加另一种要素，在两种要素达到最佳配比之前，每多增加某一单位要素的边际产出是递增的，但增加到两种要素达到最佳配比之后，再增加该种要素的边际产出就是递减的，因企业实现利润最大化都处在边际收益递减阶段，所以就将此规律称为边际收益递减或边际成本递增规律。

数字经济背景下的边际成本递减。在数字经济背景下，与企业供给相关的成本，一是数字基础设施的建设成本，二是富含信息和知识的数据传输成本，这两者与使用者人数没有关系，并不存在边际成本的问题。只有数据收集、处理、加工、提取成本随使用人数的增加、数据量增大，总成本才会不断递增，但其边际成本是递减的。随着产品产量的不断增加，从综合设施建设、数据传输与数据加工成本来看，数字经济背景下，平均成本与边际成本会随着用户数量与产量的不断增加呈现出边际递减的趋势。特别是对软件、芯片等数字产品，第一份生产成本可能较高，之后就可以以近乎零边际成本无限制地复制粘贴。

3. 传统经济背景下的按劳分配与数字经济背景下按知识和信息分配

农业经济与工业经济时代的繁荣直接取决于土地、资本、劳动力和企业家这四大生产要素的数量与质量。在数字经济时代，富含更多信息和知识的数据成为关键的生产要素，这些数据成为数字经济直接的内驱动力。更轻资产、更重信息，即一些高科技公司之所以能在短短几年内创造财富神话，更多的功劳可能应归于软盘和软盘中储存的知识与信息。随着知识和信息的作用在社会生产过程中越来越得到充分的发挥，附加值将越来越多地向知识、智力密集型产业转移，国民收入及社会财富的分配也将更多地以知识和信息的含量为标准，传统经济背景下的按劳分配，取得的职务工资等要素报酬将更多转变为数字经济背景下按数据分配的知识拥有者的报酬与数字技能工资。知识就是财富，数据为王在数字经济时代将得到最完整的证明。

4.传统经济中的正反馈与数字经济中的正反馈

传统经济中的正反馈来自供应方或生产商的规模经济，既指大公司与小企业相比规模更大，进而成本更低，更易达到规模经济，也指原有企业组织中因新加入企业数量的增加形成企业集聚而导致的效益提高，使其整体的供应效率提升。传统经济不同产业在早期都会经过正反馈，在达到规模经济以后，负反馈就会起引导作用。

在数字经济背景下的正反馈更多来自需求方的规模经济，而不仅仅是供应方，其具体是指消费者的效用会随着对该产品消费者数量的增加而增加。例如，使用者认为微信、今日头条等有价值是因为其被广泛使用，随着使用的人越来越多，既增加了不同人群的交流范围，也方便了人们对来自四面八方的形形色色资讯的获得。

传统经济理论认为，各式各类企业只有达到一定的规模上限，才能实现规模经济，加深资源配置的优化程度，从而降低生产成本，提高生产效率。然而，数字经济背景下涌现出一些新型企业甚至是个人，这些企业或个人核心竞争力是其利用拥有的技术与数据，实现持续创新。虽然规模较小，但这些企业或个人的竞争能力和创新能力却优于同行业中的大企业或个人，且常出现"以小博大"的局面。因此在数字经济时代，由于要素的变化，之前所说的劳动力、资本规模扩大实现的规模经济越来越被拥有更多知识和信息实现的规模经济取代。此外，在数字经济背景下的正反馈，供求双方有相互促进的作用，不管是供给还是需求增加，都会使另一方数量增加，形成供求双方相互促进的局面。

5.传统经济背景下的市场均衡与数字经济背景下的反均衡

（1）数字经济的外部性

数字经济中的网络效应具体指商品的价值取决于用户的规模，消费者从使用某一商品中得到的效用依赖于其他用户的数量，即当某一消费者因其他使用者数量的增加导致其消费某一商品的效用增加而又不需要支付额外的报酬或补偿时，就存在正的外部性。

在网络外部性作用下，市场的效率可能遭到破坏，其主要分为以下两种情况：

第一，与传统经济一样，实际产出小于有效产出。当存在正外部性时，因其他使用者增多，消费者就消费某一商品得到的效用增加，因此他们愿意为之支付更高的费用，但生产者没能要求消费者因他们所得到的外部性收益而支付报酬，此时商品的价格低于消费者愿意支付的费用，出现生产者的供给小于消费者的需求，进而导致实际产出低于有效产出，没达到市场均衡，破坏了市场效率。

第二，与传统经济区分，次优技术占据市场。在数字经济背景下，一旦由于某个因素使行业内某个企业出现了外部性，使用其产品的消费者数量就会不断增加，这时哪怕有更优的同类产品出现，由于消费者使用的路径依赖、锁定效应及转换成本，其也不可能在现在使用的次优产品与新出现的最优产品之间进行转换，导致次优产品或技术占据整个市场，这就扭曲了传统经济背景下的市场竞争机制，使市场失灵，降低了市场效率，并对传统经济学的一般均衡理论提出挑战。

在网络外部性与正反馈的作用下，数字经济市场变得不稳定，这种次优产品或技术占据整个市场的局面不一定能一直维持，虽然数字技术背景下实物流、资金流、数据流的方便快捷传递进一步促进了外部性和正反馈的形成。同时新的标准、新的产品、新的技术也可能会更容易被传播与接受，这样就会减少消费者的路径依赖、锁定效应与转换成本，进而使原来产品的外部性大为降低，打破原来的均衡状态。只有数字经济背景下均衡状态失去唯一性，才会加剧市场的不稳定性。

（2）传统经济背景下的负反馈与数字经济背景下的正反馈

传统经济的负反馈是指随着企业产品供应的增加，特别是当市场上该产品供过于求时，产品的价格就会下降，消费者的需求增加；当企业产量降低，直至市场上出现供不应求时，企业价格就会提高，进而再增加产量，消费者需求减少，直至最后实现供求相等，这就是传统经济背景下的价格调节机制。

价格调节市场供求均衡机会在数字经济背景下失去效力。数字经济背景下的正反馈是基于需求方的正反馈，而非供应方。由于数字经济外部性的存在，如阿里巴巴电商平台，随着市场占有率与市场份额的增加，用户对其竞争力更有信心，进而使其市场占有率进一步增加；如果某一数字平台用户较少，使用这个平台的消费者数量就会进一步减少，如此导致出现强者更强、弱者更弱的马太效应，进而出现垄断现象，这样数字经济背景下市场的供求关系就不会在价格机制的调节下实现均衡，甚至完全就是反均衡的。

只要市场上的产量在临界点以上，供方规模越大，用户就越多，则供应产品越多，边际成本也就越低。越有竞争力，其规模越大，消费者对其产品的需求越大，愿意为其支付的价格就越高，企业就会越增加产量，进而获得巨大的超额利润。这样企业的边际成本与消费者愿意支付的费用之间就会出现矛盾，供给曲线和需求曲线就不会有交点，整个市场找不到合适的均衡点。

相反，在市场上的产量处于临界点以下，当企业规模小，产品边际成本高，而消费者因对缺乏竞争力的商品不愿意支付高费用，导致需求减少，企业产量减少，规模越来越小，边际成本越来越高，消费者愿意为其支付的费用却越来越低，出现一旦消费者愿意为其支付的价格与边际成本背离，企业就得亏损直至倒闭。这样只要偏离均衡点，就不会出现供求曲线的相交，也不会实现供求均衡。

二、对微观经济理论的影响

（一）数字经济背景下消费者行为理论的变化

传统经济背景下是生产决定消费或以产定销。数字经济背景下，随着移动互联、大数据、人工智能等数字技术的不断进步，消费者借助数字平台可实现快速消费，甚至为了实现其效用最大化，得到更加适合自己需求的个性化产品，可以参与企业从产品的研发设计到生产加工等过程，为企业的产品生产实践提出自己个性化的修改建议。传统经济背景下消费者只是产品的消费者而已，数字经济背景下消费者发挥了一部分生产者的作用，传统经济背景下的消费者行为理论由此会发生变化。

（二）数字产品不能再按边际成本定价

由于受要素资源稀缺性的影响，传统经济背景下企业的规模经济难以持续，其在生产过程中呈现边际成本递增规律，故企业为了利润最大化可以根据边际成本定价。数字经济背景下生产数字产品呈现出高固定成本、低边际成本的特性，企业为了收回固定成本，不能再按边际成本定价。

虽然数字产品定价还没有形成如同传统价格理论那样简洁、普适的分析模型，但有以下几点仍值得关注：首先，数字产品和传统产品一样，其价格也会或多或少受到自身价值、生产成本甚至市场供求等因素的影响，如数字产品生产企业，虽不能按边际成本定价，但可按边际收益和平均成本相等定价，收回固定成本，数字产品价格与传统产品的价格有相同的影响因素。其次，数字产品为知识、技术密集型产品，如研发产品，不单具有高固定成本的特性，能不能研发成功具有更大的偶然性，研发出来能不能受到青睐，受消费者主观心理评价影响较大。所以，数字产品定价时要更多考虑研发风险、产品生命周期、长尾产品特性、营销方式、消费者偏好及大众精神与心理评价的差异性等。最后，由于数字产品与传统产品相比，消费者的主观偏好存在更大的差异，再加上数字产品具有较大的网络外部性特征，不同消费者愿意为其支付的费用存在较大差异，所以具有不同特性的数字产品应该采取差别化的定价策略，每种不同的产品也应依据企业市场占有策略、长期发展目标及其风险承受能力等确定自身产品的"定价规则"。

（三）数字经济背景下边际分析与均衡理论不再完全适用

当消费者的主观效用和生产者客观成本相等的时候，即当边际效用和边际成本都等于产品价格的时候，企业边际收益和边际成本相等便可实现其利润最大化，消费者边际效用和边际成本相等可实现其效用最大化，从而供求达到均衡，均衡价格也得以确立。在数字经济背景下，由于受需求方规模经济与供给方规模经济的共同影响，随着数字产品用户规模的不断扩大，数字产品的协同价值越来越高，最后一个加入的消费者愿意为数字产品支付的费用越来越高，而企业的边际成本越来越低甚至为零，平均成本也在不断降低，所以数字经济背景下的均衡点不止一个，更不能通过边际收益与边际成本相等来找唯一的均衡点，一些学者提出要借助新兴古典经济学的超边际分析法求得多态均衡。所以，边际分析与均衡理论在数字经济背景下变得不再完全适用。

（四）数字经济背景下交易成本大幅降低

数字技术的发展，突破了现实世界的时空限制，可降低市场主体之间信息不对称程度，降低社会资源配置的成本，提高社会资源配置的效率。借助数字技术，信息流可以被低成本地无限制复制和传递。实物流在大数据与云计算等数字技术支持下，可以大为简化交易流程，突破时空限制，实现 24 小时从企业直接把物品交予消费者，实现"买全球、卖全球"完全无障碍。资金流借助数字技术，如移动支付会突破繁杂手续的制约，突破传统经济背景下汇率波动等风险，使交易成本大为降低。

（五）数字经济背景下企业管理理论大幅变化

数字经济时代，企业管理的计划、组织、领导与控制等环节都会受到影响，所以数字经济背景下企业管理理论与传统经济背景下有很大的不同。首先，数字经济的发展，更多强调企业与企业之间的合作，企业的经营思想与管理理念开始从单纯强调竞争向合作竞争转变；其次，因数字技术背景下信息获取的极大便利，不再需要更多的中间层级，企业组织结构从等级严明的科层级管理向松散的网络化管理转变，沟通渠道更加顺畅，企业高管可以随时直接与普通员工对话；最后，营销方式由传统的批发经层层代理的分销体系向企业依靠大数据精准营销转变，产品可直接送达消费者手中。

三、对中观产业组织理论的挑战

（一）制造业效率高于服务业不再成立

传统服务业，如教育医疗、餐饮娱乐等服务过程要求服务创造和消费同时同地，这些服务既不能跨时间储存，也不能远距离跨区域交易，不仅受时空限制较大，也不能借助更高效率的先进设备，还不容易达到规模经济，所以服务业的劳动生产率远低于制造业生产效率，并长期维持在一个较低的水平。数字经济背景下数字技术不仅改变了服务的提供方式，甚至服务的性质也随之发生改变。传统经济背景下将看电影、听音乐会这些"乐"文化消费视为中高收入者的奢侈行为，而在数字经济背景下，尤其是随着短视频的兴起，中低收入消费者也可以用极低成本产生大量的娱乐消费，如就有网友评论自从有了短视频平台，每天有人献歌献舞，自己还可以一一评论，表达自己的看法。同时娱乐提供方也形成了以大规模"点击率"为基础，赚取更多打赏甚至广告费的商业模式，为服务供给者提供了充足的激励机制。数字经济背景下，文字、语音信息、视频节目等丰富多样的娱乐方式促进了消费者大量需求的迸发，关键这些各式各样的娱乐创新产品可以以极低的成本被复制无数次，效益递增几乎没有界线，规模经济效应极为显著，生产率显著提高。通过采用数字技术手段，其他的传统服务，如医疗与教育等以往必须在现场以面对面方式、低生产率提供的服务变为在线视频会议、远程教育与医疗等可以大规模、跨时间、远距离甚至跨国提供的高效率服务，任何制造业产品都无法与之相比。

（二）传统的垄断原则不再适用于数字经济

虽然传统经济背景下先进入市场者达到规模经济，可抑制其他潜在成本低的成员进入，导致其造成一定的垄断局面，传统经济背景下的垄断没有数字经济背景下的垄断波及范围广。

自二十世纪九十年代开始，随着互联网、大数据中心等这些具有自然垄断特征的数字基础设施类产业的迅猛发展，其他依赖这些基础设施提供增值服务的竞争行为、盈利模式等成为学界研究的核心问题。不同于之前传统物理基础设施网络，如电信、铁路等封闭性的网络，由于互联网等数字基础设施是开放性的，依托数字基础设施的数字经济体或网络平台会随着其规模的扩大、用户数量的增多不断增值。某一平台的用户越多，商业机会越多，使用的人就会不断增多，随着使用平台的人越来越多，成本就会越来越低，平台收益自然会不断增加。当平台形成一定规模，就会凸显出其巨大的规模经济优势，后来者就算比其做得更好，巨大的一次性固定成本以及数字产品的路径依赖与锁定效应存在，导致后来者获客成本较大，与先加入者几乎为零的边际成本相比也会相形见绌，很难进入同样的市场。这样就会导致先进入市场者，抓住市场机遇，利用先发优势，不断拓展用户规模，其市场占有率也越来越大，与在位的成功企业相比，潜在加入者进入市场的难度却越来越大，这样整个市场竞争结果更倾向一家或少数几家企业主宰市场，形成寡头垄断，甚至形成先入为主、一家独大、"赢者通吃"的垄断局面。例如，在个人电脑系统市场中，虽然技术功能相近的类似企业很多，但微软最先争取到更多的用户，并通过正反馈过程最后占据了市场。这是一种先入为主的现象，甚至其次优产品先进入者就可拥有锁定市场的能力，进而拥有主导市场的可能性，可见，数字经济时代市场垄断力量更为强大，并且大者愈大、强者愈强、富者愈富，这就是数字经济时代产业组织问题的特殊性。

由此可见，数字平台在需求方规模经济、路径依赖、锁定与正反馈作用的机制下，聚集的用户规模越来越大，最终必然产生巨型平台，进而必定会形成垄断。由于数字经济背景下垄断表现为竞争与垄断同时存在的特征，平台之间一定存在更大的竞争。例如，消费者可以在多个不同的数字平台跨境消费，也可以通过不同的搜索引擎搜寻信息。短期内，在激烈的竞争中胜者垄断全局，输者退出市场，在长期高额利润引诱下，会存在着更激烈的竞争，包括在位垄断企业的技术升级换代与潜在进入者之间的技术创新的竞争。数字经济背景下垄断越突出，竞争就越激烈，在竞争与垄断此消彼长的作用下，实现技术的不断进步与创新。所以与传统经济背景下垄断消除竞争与阻碍技术进步不同，数字经济背景下的垄断会激化竞争，并在更激烈竞争作用下会促进技术的不断进步与创新，所以传统工业经济背景下的反垄断原则就不能完全适用于数字经济背景下的垄断治理。

四、对宏观经济理论的影响

（一）对传统经济周期理论的挑战

传统的经济周期理论认为，在市场经济条件下，经济周期一般都要经历繁荣、衰退、萧条、复苏四个阶段，并且这些现象会循环往复出现。随着在政治、经济、技术等领域出现的一系列新变化，发达国家宏观经济政策和反危机措施出现了较大的调整，出现了衰退与高涨交替的简化经济周期。到了20世纪90年代，随着数字经济的兴起，各种数字技术创新发展突飞猛进，产品升级换代日新月异，使得在发展过程当中一旦衰退苗头出现，经济就会被新的产品创新与技术升级活动拉起，使整个经济周期不会出现大起大落，而只是微小波动，甚至可呈现出持续的繁荣景象。

（二）对传统经济增长理论的挑战

在传统经济增长理论中，一般将经济增长因素分为土地、资本等生产要素的投入和技术进步或全要素生产率两类，侧重研究生产要素投入对经济增长的影响，而其中不能被解释的部分，则归为全要素生产率的贡献。在数字经济条件下，反映信息网络扩张效应的"梅特卡夫法则"显示其对经济系统的外溢效应明显。另外，数字平台的正反馈机制与正外部性、几乎低至零的边际成本、边际报酬递增、数字技术创新的深化均构成经济增长新的动力，与传统的经济增长理论有很大的不同。

（三）对传统收入分配理论的挑战

数字经济属于创新型经济，数字经济背景下国民收入增加的渠道、来源和方式更加多元，收入增加的规模更大、速度更快，但与传统经济相比，数字经济生产要素发生了变化，所以数字经济背景下的收入分配更多由传统经济背景下的按劳分配、按资分配，变化为现在的按富含信息和知识的数据要素分配、按数字技术分配、按管理分配。与此同时，在收入分配过程中，那些具有数字技能、拥有丰富管理经验、拥有丰富知识的专业技术人员、管理人员及知识工作者的收入将快速提高，数字经济背景下不同人群、不同行业、不同地域之间的收入分配差距可能会不断加大，所以才有必要缩小数字鸿沟，提升全民的数字经济素养。

由此可见，数字经济的不断发展，不仅对人们的生产、生活方式产生着深刻的影响，也在一定程度上对传统经济理论造成了冲击，所以有必要进一步完善数字经济的相关理论，以便更好分析、解决数字经济背景下出现的新问题。

第二节　传统理论解释数字经济的适用性

一、现有市场供求机制的适用性

随着数字技术的不断发展，数字经济背景下也出现了较多的新现象与新问题，将数字经济时代出现的新现象纳入现有的传统经济学分析框架之中，并对其进行补充与修正，设计出更有效率的市场机制，以此来优化数字经济背景下市场的资源配置功能已成为学者们研究的热点问题。传统经济学认为，只要当企业产品价格远高于其成本、而消费者又别无选择时，就存在垄断。但同时也有另一种判断标准：即使存在所谓的垄断，商品价格高出成本再多，但如果企业为客户带来的价值，或者客户得到的效用远大于支付给企业的费用，那平台就增加了消费者剩余，提升了消费者的整体福利，这些思路也被用于判断数字经济背景下平台企业的行为。商场如果支持银行卡支付，就需额外支付相关的手续费，但如果不支持银行卡支付，就会损失一部分消费者，貌似商场只能接受银行卡支付，存在一定的垄断，但如果因支持银行卡支付而获得的收益大于其支付的额外费用，对商场来说就是自愿选择行为而不是处于垄断下的别无选择。

二、新制度经济学的产权理论的适用性

传统经济背景下的产品，有的具有较强的外部性，特别是公共产品外部性更显著。由于享受到消费产品的效用却不需为之支付成本即正的外部性，所以更多人愿意搭便车。另外，也有人因其福利受到损失，却不能获得相应补偿，即受到负的外部性的影响。为了规避外部性的影响，通过确定明晰的产权，享受正外部性的消费者会为之支付一定的额外成本，而福利受损的消费者也能获得一定的补偿，从而使外部性的影响大大降低。数字经济背景下的产品，由于具有较强的网络外部性，随着用户规模越来越大，产品的协同价值越来越大，其表现为随着用户规模的越来越大，消费产品给消费者带来的效用也越来越大。消费者虽然愿意为产品本身支付更高的费用但却没有支付，即所谓直接外部性，同时，该产品互补品的供给量也会越来越多，从而使互补品的价格也不断降低，使人们享受到互补品低价的效用，即为间接外部性。不管是直接外部性还是间接外部性，均可

通过明晰的产权界定使外部性得以内化,使外部性大为降低甚至消失。可见,传统经济背景下的产权理论,在数字经济背景下仍然适用。

三、信息经济学的信息不对称理论的适用性

传统经济学背景下存在着信息不全面,不论是企业之间、消费者之间还是企业与消费者之间,都存在着信息不对称。特别是企业与消费者之间存在着信息不对称。数字经济背景下,虽然消费者获取产品信息的渠道更加畅通,获取产品信息的成本更加低廉,甚至消费者可以借助数字平台为产品的设计、生产、加工提出自己的建议,参与产品生产的全过程,不可否认的是,由于专业技术要求以及对繁杂信息鉴别能力的要求,与生产者相比消费者仍然不可能像生产者一样获得与产品相关的所有准确信息,所以数字经济背景下仍存在着信息不完全的现象,所以信息不对称理论在数字经济背景下仍然适用。

四、现有博弈论方法的适用性

在各类传统经济理论中,博弈论可算作最适宜用来分析数字经济背景下的经济问题的理论了,因为数字经济背景下人们的决策同样不仅取决于自身,也会受到相关的其他人所做出选择的影响,这点与传统经济无异。凡是当决策者的选择结果会受到其他人的决策影响时,博弈论就可大显身手。在高度互联互通的数字经济背景下,不同经济主体之间的相互影响更加广泛与深远,数字经济背景下大量现实问题的解决仍然有赖于博弈论提供的理论分析框架和决策思路。

第三节　数字经济背景下的新问题与理论创新

数字经济时代，随着人工智能、3D 打印等数字技术的不断发展，其在提高生产效率和生活质量方面凸显出巨大潜力，不但催生出更多的新技术、新产品与新业态，更好地满足人类不断提升的物质与精神生活需求，而且可能颠覆人类工作、生产、生活、消费等的活动方式，对整个经济结构演进与社会秩序的提升产生积极的推动作用。与此同时，这些数字技术的不断迭代与创新也将为各国数字经济发展以及人类社会发展进程带来更大的挑战，并引发更多新的理论、政策和伦理道德问题，有的问题可以通过简单判断直接取舍，但更多复杂问题需要在理论层面加以分析研究与权衡解决。例如，数字技术对劳动技能、工作岗位、工作环境、收入水平、就业结构、代际差距甚至人类生存产生的深远影响，如何通过理论研究，制定相关的政策予以及时引导，如何通过分析研究做好前期的规划，做好风险的规避工作等都是我们要面对的问题。由此人们在享受数字技术红利的同时，如何应对数字技术发展带来的挑战也应纳入基础理论研究范畴之内。

一、就业结构的变化

无论是蒸汽革命、电气革命还是自动化革命都导致对劳动力、土地等传统生产要素的替代与社会效率的提升，数字技术革命也必然引发大量工人被资本与技术取代。尤其是人工智能等数字技术的发展使一些单一特定领域的重复性工作以及思考模式可以被机器模拟与理性推算的工作，如话务咨询、客服代表、司机、保安等工种大量消失的同时，也在创造更多新的岗位，如数据分析科学家、自动化监控与维修工程师等。特别是未来就业领域对高数字素养与高数字技能工人的需求大量增加，不仅导致人类社会就业结构发生巨大变化，也会对人类教育方式、社会保障机制等领域的变革提出更多新的要求，只有适时做好相关的理论创新与机制设计，才能不断满足新要求、适应新变化。

二、就业市场的变化

随着数字技术的广泛运用，未来不只商品、服务、数据流动日益向全球化发展，不同国家的人口也会不同程度地在全球范围内实现自由流动，届时本国劳动力市场的竞争将更为激烈，本国民众不但要应对本国劳动力的竞争，还要面对外国劳动力的竞争。

三、工作环境与收入水平的变化

数字经济时代下，数字技术在创造一些新兴职业的同时，虽然取代了原来一部分的传统岗位与职业，但也有一部分岗位与职业是数字技术无法替代的，需要人工完成，如清洁工、卫生员等，所以数字经济背景下可能也会出现正式就业与非正式就业并存的局面。各行各业不同程度会出现"铁饭碗"被打破的局面，可能会导致那些从事知识技能与数据筛选、分析等工作的正规就业或正式专业技术工人，其工作环境安全性、舒适度不断提升，以及工资标准与收入水平的不断提高。例如，原来依靠纯人力的加工装配工作，现在只需在维修工程师操作下通过机器操作以更舒适、更省力的动作完成，甚至依靠人工智能就可自动化装配，专业技术人员只需充当运维人员。

四、代际差距的变化

数字技术本身并不能解决温饱问题，也不会自动提升民众的生活质量。一些年轻人因传统行业的数字化、自动化、智能化改造升级遭到解雇后，由于他们头脑灵活，更容易学会与接受、使用数字技术，如通过接受在线教育等方式，经过进一步的数字素养与数字技能培训，很快就能找到适合其发展的就业岗位。其实，数字经济时代，年轻人与老年人之间的冲突不但体现在工作方面，就是在日常生活中也有体现。年轻人可快速适应移动支付、网上购物、数字问诊等现代生活节奏与方式。当数字技术已经走进、融入年轻人的生活、成为年轻人必不可少的一部分时，老年人在数字技术面前，尤其是当其在面对更多的要求数字技能的工作时就会显得力不从心，甚至无所适从，这又会导致更大的代际不公平。

五、个人隐私数据被窃取的风险

每一种技术的进步和变革在给人类带来更大便利的同时也会给民众带来危机与挑战。特别是在大数据时代，我们每个人每敲击一下键盘或是点击一下手机屏幕，信息就会自动上传成为互联网海量信息的一部分，与此同时也存在个人隐私数据被窃取的风险。随着数字技术的不断进步，一些App 的安装强制用户授权获取相关的位置、通讯录、个人信息等隐私数据，更为严重的是绝大多数民众因为个人隐私数据保护意识淡薄与缺乏，会不自觉地泄露自己的一些个人信息，如通过微信扫码主动提供身份证信息换礼品、大量电商包裹上的个人信息单不经处理就直接丢弃等。

六、人类生存面临的威胁

虽然人工智能等数字技术的发展已经取得巨大进步，与数字技术有关的新模式、新形态、新产品也在持续不断探索中，但我们仍处在弱人工智能的初级阶段。因此，在人类眼中的基本常识，对缺乏逻辑思维、情绪感知、深入思考、持续创新等人类高级本领的智能机器人、3D 打印机来说仍然是异常艰巨的任务。但是这也不能保证在不远的将来，人工智能等数字技术的不断发展将超越人类智力，导致出现违反人类伦理道德的一系列问题，如果人工智能发展成为人类的敌人，侵占人类生存空间与相关资源，就会威胁人类生存。关于人工智能等数字技术会不会威胁到人类生存，会不会导致更多的人伦与法律问题，学界、业界还存在不同的意见，正因为在这些问题上仍存在分歧与矛盾，这才需要我们通过理论研究的创新，提前做好相关探索与规划，并想好应急预案与积极应对之策，才能更好地应对未来的危险。

总之，数字经济时代，大数据、云计算、物联网、人工智能、区块链、3D 打印等数字技术不断发展，在给人们的工作、生产和生活带来更多便利的同时，会对就业结构产生冲击，甚至对整个人类的伦理道德、生存发展造成威胁，引发一系列体制机制、伦理道德和法律法规等新问题与带来一下新挑战，这必将深刻影响未来数字经济发展趋势。只有在深入了解这些数字技术带来的机遇和挑战的基础上做好数字经济相关基础理论研究，并深入突破创新，才能更好地积极利用数字技术的优势，规避数字技术带来的风险，将数字技术的价值与作用无限放大。

第四节 数字经济理论及运行机理

一、数字经济相关理论

从 20 世纪 90 年代开始到现在，数字经济与传统农业经济和工业经济最主要的区别就是关键生产要素的不同。不同于传统农业经济与工业经济背景下土地、资本、劳动力等关键生产要素不可复制、相对独立、不可多人同时使用的特性，数字经济背景下关键的生产要素数据，却具有可重复、可复制、可多人同时反复甚至永久使用等特性，其决定了数字经济与传统农业经济和工业经济的基本规律与相关理论会存在着较大的差异。

（一）数据爆炸式增长与摩尔定律

数字经济背景下，随着互联网、大数据、云计算、物联网等数字技术突飞迅猛的发展，人类进入人与人、人与物、物与物万物互联的时代，在万物互联时代下，人类的任何行为都会变为相关的数据，成为相关数字平台上海量信息的一部分，所以数据越来越呈现出爆炸式增长的特征。

与以往农业经济和工业经济时代下，传统技术的变迁更多受到线性约束不同，数字经济背景下，数字技术的进步与变迁速度甚至数字经济的规模增长速度都呈现出指数变化特征：数字技术综合计算能力每隔 18 个月就提高 1 倍，而存储与带宽的价格即相关成本却下降一半。因此，随着摩尔预言的影响力持续扩大，摩尔的预言也成为预测数字经济增长趋势的摩尔定律。

（二）网络互动与梅特卡夫法则

数字经济背景下，基于数字技术的万物互联平台，传统一对一、一对多式的数据与信息传播模式更多变成依托数字平台的多对多传播模式。随着接入数字平台的设备数量越来越多，参与平台互动的人与物的数量也不断增多。随着更多的人与设备参与到同一个数字平台中，通过数字平台创造的数据就会呈指数增长，而此时整个网络或数字平台本身的价值也会成倍增加，这就是梅特卡夫法则。该法则指的就是随着联入网络与接入数字平台的用户和设备的数量不断增加，整个数字平台或整个网络的经济价值会呈现指数型增长趋势。具体原因就是数字经济的正外部性，随着接入数字平台的人与设备数量的不断增加，就会带给平台比原来更多的数据与信息，已接入平台的既有成员就会获得比原来高得多的价值，从而会不断吸引更多的成员与设备加入，这样每个成员与设备的加入不但会使其自身获得更大的价值，也能使其他成员的价值乃至整个网络或数字平台的价值得到进一步提升，并且提升幅度也大于接入成员与设备本身的价值，这样就会形成个人或设备与平台之间的价值螺旋式增长。这是数字经济背景下的边际收益递增原则，即随着接入成员与设备数量的增加，整个平台的价值呈指数增长，而平台价值的增长又由接入平台的人员与设备共同分享，这又进一步推动了数字经济的快速成长。

在梅特卡夫法则的指引下，随着接入数字平台的人员与设备的数量不断增加，相关的个人行为数据呈爆炸式增加，这些数据通过大数据等数字技术筛选、过滤、加工、处理、分析就可得到更有用的价值，不仅可用于指导更科学与精准的决策，例如可用来精准营销、快速授权甚至识别诈骗与犯罪等，也可在数字技术的作用下变为数字化的生产要素，不断降低全球一体化生产的管理与沟通成本，促进国际一体化生产与国际贸易规模的进一步扩大。与此同时，在梅特卡夫法则下，数字平台价值的正外部性可能会带来更多的负面影响，如掌握相关数据的较有竞争力的数字平台的规模在正强化作用下会滚雪球式的扩大，甚至形成自然垄断，获得更多的竞争优势，而其他稍微弱的数字平台则因人员与接入设备的数量限制会越来越弱，导致出现"赢者通吃"的局面，这样就不利于整个社会福利水平的提高，当然这也有赖于通过相关数字治理规则的进一步约束。

（三）达维多定律与持续性创新

在数字经济发展进程中，在摩尔定律与梅特卡夫法则等规律下，数字平台企业由于边际成本的不断降低，伴随着数据量和数字平台价值的指数增加，导致其创新竞争力不断增强。近年来，公司市值排名靠前的位置基本被谷歌、亚马逊、苹果等数字平台企业占据，而之前一度占据前列的传统企业则由榜首的位置逐渐下滑，甚至整个传统的商业模式都发生了颠覆性变化。

数字经济背景下，数据的可复制性、可重复利用性以及边际成本递减、边际收益递增的特性导致最先进入市场的企业由于其能够获得更多的先发优势与正外部性，可自动获得50%的市场份额，在整个市场竞争格局下占据主导地位。那些更多采用跟随战略的后进入者，不论是在规模上还是在所获得的利润上，都远远落后于先进入市场的企业，这就是数字经济时代的达维多定律。依据达维多定律，随着原来最先进入市场的产品生产技术逐渐成熟，产品市场日趋饱和，如果最先进入市场的企业不自主革新，不主动淘汰自己的旧产品，生产那些技术更先进的产品，就会被后进入者开发出的新产品淘汰甚至被驱除出整个市场，所以在数字经济时代达维多定律的指导下，市场领导者只有不断突破创新，才能继续掌握新市场的规则和主动权。放在国家层面，哪个国家能够在数字经济领域及数字经济的发展进程中不断突破创新，其就在世界经济的舞台上持续获取更大的规则制定权与话语权。

二、数字经济运行机理

借助数字技术，数字经济可降低经济社会运行成本、提升经济社会运行效率，创建出更多的新产品、新模式与新业态，驱动传统的经济模式得以重塑，推动传统经济形态向分工更为细化、成本更为低廉、模式更为独特、投入产出更为高效的更高经济形态转变。

（一）促进经济社会运行成本不断降低

首先，信息获取与管理的成本降低。数字技术不仅使传统农业、工业经济背景下消费者、生产者、政府等不同经济主体获取信息的渠道、手段和方式发生根本改变，而且使其获取相关信息的费用与管理成本大幅降低，获取相关信息的便利性也有了极大的提高。其次，经济社会资源优化配置成本的降低。数字技术作用下，不但线上线下、人类物理世界与网络虚拟空间实现互联互通，未来随着物联网的发展，万物都可实现互联互通，不同的数据可借助数字平台在不同经济主体间实现自由流动，不同经济主体间信息不对称问题得以解决，在充分信息的引导下，不同的经济主体之间的资源将以比传统经济背景下更低的成本实现合理匹配与优化配置。再次，要素专用性成本的不断降低。不同于传统经济背景下资本、劳动力、土地等要素不仅不可重复使用，各种要素还普遍存在资产专用性的问题，不同要素退出旧领域进入新领域具有较大的门槛或成本限制。数字经济背景下，富含知识与信息的数据成为最主要的因素，但由于其可以被多人同时使用，甚至可以反复使用，数字经济背景下要素专用性成本可大幅降低。最后，导致制度性成本的降低。数字经济背景下，各级各地政府为提高公共服务的供给能力，都在借助数字技术加强电子政府、"一站式"政府与数字政府建设，为企业、民众办理各种手续提供更为方便有效的手段和更为可行的途径安排，与传统经济相比，制度性交易成本将得以大幅降低。

（二）促进经济社会运行效率不断提升

首先，借助数字技术可实现市场供需的精准匹配。借助数字技术，需求侧消费者相关信息可以实时被供给侧厂商掌握，与此同时，依托数字平台，消费者可方便快捷地适时了解到其需求商品的有关信息，特别是个性化定制生产方式更可实现线上线下、物理世界与网络世界供需的精准匹配。其次，专业化分工日益明确。数字经济背景下随着沟通、交流等交易成本的大幅降低，传统生产的专业化分工程度日趋深化，原来价值链上的研发设计、生产制造、营销与售后环节可能分化出更为精细与精准的相关环节，分工效率会进一步提升。最后，不同参与主体协同生产效率得以提升。不同于传统经济的上游供应商、中游竞争者与下游分销商、消费者之间，是层层利益分剥的直接竞争关系，不同主体之间是零和博弈，存在着竞争，数字经济背景下依托数字平台的不同企业甚至不同数字平台之间都是相互依存、互利共生的关系，共同创造价值、共同分享，协同生产的效率会大幅提升。

（三）促进传统经济社会的转型升级

首先，传统产业加快向数字平台转型。不同于传统农业经济与工业经济时代，为降低交易效率和达到规模经济需构建科层化与一体化的组织，数字经济背景下的组织更多呈现网络化、扁平化与柔性化的特征，国内外传统大型企业为实现向数字化转型升级，纷纷构筑起工业互联网平台。其次，新模式、新业态持续涌现。随着数字技术的不断迭代创新，传统的商业模式可能被直接颠覆，共享经济、众创、众包、众筹等新模式、新业态持续涌现。最后，数字经济推动传统经济发展模式的变革与重塑。数字经济背景下，数字化的知识和信息作为关键的生产要素，不仅可以不断放大资本、土地、劳动力等传统生产要素的生产力，使传统产业的生产率得以不断提高，由于其本身可以被多人同时利用、反复利用等特征，而且会颠覆传统的经济增长方式，使传统经济发展模式得以重塑，进而促进整个经济社会的转型升级。

总之，随着数字经济不断向前发展，未来会有更多的数字技术、数字产品和数字服务会逐渐走近并融入我们生产与生活的各个层面，在给我们带来更多便利的同时也一定会面临更多新的问题，届时将有更多的人参与到数字经济的基础理论研究当中，构建起数字经济学的理论研究体系框架，进而指导数字经济发展的具体实践。

三、数字经济对就业生态的影响

数字经济背景下，以互联网、云计算、大数据、物联网、人工智能等为代表的数字技术已被公认为第四次产业革命的重要驱动因素。数字技术不但会成为各国经济增长的新动能，广泛融入各行各业，也会给传统行业的商业逻辑、组织形态和运行方式带来深刻变革，从而改变各行业对人才的需求，进而给各行业的就业领域、就业形势、就业人群乃至整个就业生态带来革命性变化。

第三章　数字经济发展的重要性

第一节　发展数字经济的意义

随着信息和通信技术的发展，数字经济异军突起，已成为全球经济社会发展的重要推动力。数字经济的快速发展及其产生的巨大活力，使得各国政府意识到数字经济的发展对推动本国和地区经济社会发展的重要作用和意义，纷纷开始关注数字经济的发展，并将数字经济作为推动其经济发展的新动力、新引擎。发展数字经济对我国具有特殊意义，因为数字经济已经成为新常态下我国经济发展的新动能，数字经济是引领实施国家创新战略的重要力量。我国发展数字经济有自身的特殊优势，包括网民优势孕育了我国数字经济的巨大潜能，后发优势为数字经济提供了跨越式发展的特殊机遇。数字经济是引领实施创新战略的重要力量，表现在高速泛在的信息基础设施基本形成，数字经济成为国家经济发展的重要引擎，数字经济在生产生活各个领域全面渗透，数字经济推动新业态与新模式不断涌现。总之，我国数字经济发展有着美好的前景。

数字经济的迅猛发展深刻地改变了人们生活、工作和学习的方式，并在传统媒体、商务、公共关系、电影电视、出版、娱乐等众多领域引发深刻变革。发展数字经济正成为信息时代的最强音，对我国而言更具有特殊意义。

一、全球经历数字经济变革

以计算机、网络和通信等为代表的现代信息革命催生了数字经济。数字经济虽然没有产生任何有形产品，但它可以辅助设计、跟踪库存、完成销售、执行信贷、控制设备、设计计算、计费客户、导航飞机、远程诊治等。

（一）数字经济加速经济全球化步伐

数字经济促进人类社会正在发生一场划时代的全球性变革，推动人类更深层次跨入经济全球化时代。例如，数字网络的发展以及"赛博空间"的出现，全球化不再局限于商品和生产要素跨越国界流动，而是从时空角度改变世界市场和国际分工的格局；经济数字化拓展了贸易空间，缩短了贸易的距离和时间，全球贸易规模远远超越了以往任何一个时期；凭借数字网络技术的支持，跨国公司远程管理成本大幅度下降，企业活动范围遍及全球。数字经济加速了信息、商品与要素的全球流动，推动经济全球化进入一个新的发展阶段。

（二）数字经济"软化"全球产业结构

数字经济时代，数字网络技术的创新及广泛应用推动了全球产业结构进一步知识化、高科技化，知识和技术等"软要素"正在取代资本和劳动力成为决定产业结构竞争力的重要因素。全球产业结构"软化"趋势愈加明显：一是出现知识驱动的经济发展模式。新一代信息技术蓬勃发展，跨国信息通信技术企业加速市场扩张与产品创新步伐，世界各国都在大力发展信息技术产业，实现知识驱动的经济发展模式。二是传统产业加强与信息产业的联系。由于计算机与数字技术带来高效的生产效率，传统产业不断加强与信息产业的前向联系和后向联系，以便拥有更强的产业竞争力和创造更高的产业附加值。三是新型服务业方兴未艾。由于信息技术的普及和创新，计算机和软件服务、互联网信息服务等新兴服务业迅速崛起，电子商务、网络金融、远程学习等新型服务业方兴未艾，知识化、信息化、智能化正在成为全球服务业未来发展的方向。

（三）新的数字技术助推数字经济以及社会发展

移动、云计算、社交网络、传感器网络和大数据分析是当今数字经济中最重要的技术趋势之一。总的来说就是"智能一切"，即网络和数字化连接家庭、医疗保健、交通、业务流程和能源，甚至包括政府管理和社会治理。这些新应用依赖于固定和无线宽带网络，以及在互联网上连接的设备，满足不断增长的经济和社会需求。收集的数据将以 M2M 模式实现大规模处理数据的"云计算"服务，收集、处理和分析海量数据，这一方式改变了信息处理的时间量级，被称为"大数据"技术。这些现象共同构成智能网络的构建模块，从而带动社会的整体发展。

（四）移动宽带应用加速数字产品普及

互联网普及率的提高，极大地受益于移动基础设施的发展和资费的下降。在许多新兴和经济欠发达的国家，移动宽带连接被广泛提供，使得这些经济体的互联网接入量大幅增加。除数量增加外，宽带的速度也在不断提升。移动宽带质量的进步和固定网络的 Wi-Fi 的大规模普及，使移动设备扩大了应用规模，影响了数以亿计用户的工作、生活。

二、数字经济成为新常态下我国经济发展的新动能

数字经济代表着新生产力的发展方向，对我国而言具有特殊意义。互联网、云计算、大数据等数字经济本身就是新常态下供给侧结构性改革要

培育和发展的主攻方向。数字化将发掘新的生产要素和经济增长点，加速传统行业转型。

（一）新常态需要新动能

我国经济在经历了多年的高速增长时期之后，开始进入一个增速放缓、结构升级、动力转换的新阶段，这一阶段也被称为经济发展新常态。认识、适应和引领新常态已被确定为指导我国经济发展的风向标。

（二）信息革命带来了大机遇

经济发展的新动能在哪里？本来这是一个大难题，曾让很多国家困扰了很多年。但现在不同了，因为人类经历了农业革命、工业革命后，现在正在经历信息革命。信息革命为我国顺利跨越中等收入陷阱提供了前所未有的历史性机遇，从社会发展史看，每一次产业技术革命都会带来社会生产力的大飞跃。农业革命增强了人类生存能力，使人类从采食捕猎走向栽种和畜养，从野蛮时代走向文明社会；工业革命拓展了人类能力范围，大规模工厂化生产取代了工场手工生产，工业经济彻底改变了生产能力不足、产品供给不足的局面；信息革命则增强了人类脑力，数字化工具、数字化生产、数字化产品成就了数字经济，也促成了数字化的生存与发展。以数字化、网络化、智能化为特征的信息革命既催生了数字经济，也为经济发展提供了新动能。

（三）数字经济的动能正在释放

数字经济不仅有助于解放旧的生产力，更重要的是能够创造新的生产力。数字技术正广泛应用于现代经济活动中，提高了经济效率，促进了经济结构加速转变，正在成为全球经济复苏的重要驱动力。云计算、物联网、移动互联网、大数据、智能机器人、3D打印、无人驾驶、虚拟现实等信息技术及其创新应用层出不穷、日新月异，并不断催生一大批新产业、新业态、新模式。

（四）发展数字经济成为我国的战略选择

我国即将步入后工业化阶段，各区域都期望抓住数字新经济兴起的契机。我国政府立足本国国情和发展阶段，正在实施"网络强国"战略，推进"数字中国"建设，大力推行有关数字经济发展战略。

三、数字经济是引领实施国家创新战略的重要力量

发展数字经济对我国的转型发展以及实现中华民族伟大复兴的中国梦具有特别推动作用和重要的现实意义，对贯彻落实新发展理念、培育新经济增长点、以创新驱动推进供给侧结构性改革、建设网络强国、构建信息时代国家新优势等都将产生深远影响。

（一）发展数字经济是贯彻五大发展理念的集中体现

数字经济本身就是新技术革命的产物，是一种新的经济形态、新的资源配置方式和新的发展理念，集中体现了创新的内在要求。我国发展数字经济是贯彻"创新、协调、绿色、开放、共享"五大发展理念的集中体现。这是因为，一是数字经济减少了信息流动障碍，加速了资源要素流动，提高了供需匹配效率，有助于实现经济与社会、物质与精神、城乡之间、区域之间的协调发展；二是数字经济能够极大地提升资源的利用率，是绿色发展的最佳体现；三是数字经济的最大特点就是基于互联网，而互联网的特性就是开放共享；四是数字经济也为经济欠发达地区、低收入人群创造了更多地参与经济活动、共享发展成果的机会。

（二）发展数字经济是推进供给侧结构性改革的重要抓手

以新一代信息技术与制造技术深度融合为特征的智能制造模式，正在引发新一轮制造业变革。一是数字化、虚拟化、智能化技术将贯穿产品的全生命周期，柔性化、网络化、个性化生产将成为制造模式的新趋势，全球化、服务化、平台化将成为产业组织的新方式；二是数字经济在引领农业现代化，数字农业、智慧农业等农业发展新模式就是数字经济在农业领域的实现与应用；三是在服务业领域，数字经济的影响与作用已经得到较好体现，电子商务、互联网金融、网络教育、远程医疗、网约车、在线娱乐等已经使人们的生产生活方式发生了极大变化。

（三）数字经济是推动"大众创业、万众创新"的最佳试验场

现阶段，数字经济最能体现信息技术创新、商业模式创新以及制度创新的要求。数字经济的发展孕育了一大批极具发展潜力的互联网企业，成为激发创新创业的驱动力量。众创、众包、众扶、众筹等分享经济模式本身就是数字经济的重要组成部分。

（四）数字经济是构建信息时代国家竞争新优势的重要先导力量

数字经济的发展在信息革命引发的世界经济版图重构过程中，将起着至关重要的作用。信息时代的核心竞争能力将越来越表现为一个国家和地区的数字能力、信息能力、网络能力。实践表明，我国发展数字经济有着自身独特的优势和有利条件，起步很快，势头良好，在多数领域开始形成与先行国家同台竞争、同步领跑的局面，未来在更多的领域存在领先发展的巨大潜力。

第二节 发展数字经济的优势

我国数字经济的不俗表现得益于全球信息革命提供的历史性机遇，得益于新常态下寻求经济增长新动能的强大内生动力，更得益于自身拥有的独特优势。我国发展数字经济的独特优势突出表现在三个方面：网民优势、后发优势和制度优势。

一、网民优势孕育了我国数字经济的巨大潜能

就像我国经济社会快速发展一样，我国网民规模和信息技术发展速度也令人目眩。这促进了世界上生机勃勃的数字经济的发展。

（一）网民大国红利日渐显现，使得数字经济体量巨大

近几年来，我国劳动力人口连续下降，人口老龄化程度加深。但是，我国的网民规模却逐年攀升，互联网普及率稳健提高。正是有了如此庞大的网民数量，才造就了我国数字经济的巨大体量和发展潜力。这就不难理解，为什么一个基于互联网的应用很快就能达到上千万、上亿甚至数亿人的用户规模，为什么只有几个人的互联网企业短短几年就可以成为耀眼的"独角兽"企业，甚至在全球达到领先水平。我国互联网企业在全球的出色表现，表明我国已经成功实现从人口红利向网民红利的转变。

（二）信息技术赋能效应显现，使得数字经济空间无限

近年来，信息基础设施和信息产品迅速普及，信息技术的赋能效应逐步显现，为数字经济带来无限创新空间。以互联网为基础的数字经济，解

决了信息不对称的问题，边远地区的人们通过互联网、电子商务就可以了解市场信息，学习新技术新知识，实现创新创业，获得全新的上升通道。基于互联网的分享经济可以将海量的碎片化闲置资源（如土地、房屋、产品、劳力、知识、时间、设备、生产能力等）整合起来，满足多样化、个性化的社会需求，使得全社会的资源配置能力和效率都得到大幅提升。当每一个网民的消费能力、供给能力、创新能力都进一步提升并发挥作用时，数字经济将迎来真正的春天。

（三）应用创新驱动，使得网民优势有效发挥

当前，数字经济发展已从技术创新驱动向应用创新驱动转变，我国的网民优势就显得格外重要。庞大的网民和手机用户群体，使得我国数字经济在众多领域都可以轻易在全球排名中拔得头筹。一批分享型企业迅速崛起，领先企业的成功为数字经济全面发展提供了强大的示范效应。

二、后发优势为数字经济提供了跨越式发展的特殊机遇

信息技术创新具有跳跃式发展的特点，为我国数字经济的跨越式发展提供了机会。

（一）信息基础设施建设实现了跨越式发展

目前，我国信息基础设施基本建成。一是建成了全球最大规模的宽带通信网络。我国固定宽带接入数量覆盖全国所有城市、乡镇以及 95% 的行政村；二是网络能力得到持续提升。全光网城市由点及面全面推开，城市家庭基本实现 100M 光纤全覆盖。

（二）信息技术应用正在经历跨越式发展

我国数字经济的发展是在工业化任务没有完成的基础上开始的，工业

化尚不成熟降低了数字经济发展的路径依赖与制度锁定程度。工业化积累的矛盾和问题要用工业化的办法去解决,这十分困难也费时较长,但工业化的诸多痛点遇到数字经济就有了药到病除的妙方,甚至可以点石成金、化腐朽为神奇。我国的网络购物、网络约租车、分享式医疗等很多领域能够实现快速发展,甚至领先于一些发达国家,在很大程度上也是由于这些领域的工业化任务还没有完成,矛盾突出痛点多,迫切需要数字经济发展提供新的解决方案。在制造业领域,工业机器人、3D打印机等新装备、新技术在以长三角、珠三角等为主的我国制造业核心区域的应用明显加快,大数据、云计算、物联网等新的配套技术和生产方式开始得到大规模应用。多数企业还没有达到工业2.0、工业3.0水平就迎来了以智能制造为核心的工业4.0时代。可以说,数字经济为我国加速完成工业化任务、实现"弯道超车"创造了条件。经过多年努力,我国在芯片设计、移动通信、高性能计算等领域取得重大突破,部分领域取得全球领先,并涌现一批国际领先企业。

(三)农村现代化跨越式发展趋势明显

农村电商的快速发展吸引了大量的农民和大学生返乡创业,人口的回流与聚集也在拉动农村生活服务水平的提升和改善,释放的数字红利为当地发展提供了内生动力。现在,网购网销在越来越多的农村地区成为常态,网上学习、手机订票、远程医疗服务纷至沓来,农民们开始享受到前所未有的实惠和便利。正是因为有了数字经济的发展,许多农村地区从农业文明一步跨入信息文明,农民的期盼从"楼上楼下,电灯电话"变成"屋里屋外,用上宽带"。

（四）信息社会发展为数字经济发展预留了巨大空间

信息社会发展转型期是信息技术产品及其创新应用的加速扩张期，为数字经济大发展预留了广阔的空间。目前，我国电脑普及率、网民普及率、宽带普及率、智能手机普及率、人均上网时长等发展空间巨大，未来几年仍将保持较快增长。

三、制度优势为数字经济发展提供了强有力保障

我国发展数字经济的制度优势在于强有力的保障、战略规划、政策体系、统筹协调和组织动员，这为数字经济的发展创造了适宜的政策环境，带动整个经济社会向数字经济转变。

（一）组织领导体系基本健全提供了保障

中央网络安全和信息化领导小组的成立标志着我国信息化建设真正上升到了"一把手"工程，信息化领导体制也随之基本健全。建设网络强国、发展数字经济已形成全国共识。各级领导和政府部门对信息化的高度重视，为数字经济的发展提供了重要的保障。

（二）信息化引领现代化的战略决策提供了明晰的路线图

《国家信息化发展战略纲要》提出，到21世纪中叶我国信息化发展的三步走战略目标，明确了在提升能力、提高水平、完善环境方面的三大类56项重点任务。确切地说，这些国家信息化发展战略决策为数字经济发展提供了明晰的路线图。

（三）制定形成了较为完整的政策体系

我国围绕信息化和数字经济发展密集出台了一系列政策文件，包括"互

联网 +" 行动、宽带中国、中国制造 2025、大数据战略、信息消费、电子商务、智慧城市、创新发展战略等。各部门、各地区也纷纷制定出台了相应的行动计划和保障政策。我国信息化政策体系在全球也可以称得上是最健全的，也体现出国家对发展数字经济的决心之大、信心之足和期望之高。更为重要的是，我国制度优势有利于凝聚全国共识，使政策迅速落地生根，形成自上而下与自下而上推动数字经济发展的大国合力。

第三节　数字经济引领创新战略

我国数字经济已经扬帆起航，正在引领经济增长从低起点高速追赶走向高水平稳健超越，供给结构从中低端增量扩能走向中高端供给优化，动力引擎从密集的要素投入走向持续的创新驱动，技术产业从模仿式跟跑并跑走向自主型并跑领跑全面转型，为最终实现经济发展方式的根本性转变提供了强大的引擎。

一、高速泛在的信息基础设施基本形成

无时不在、无处不在的电脑网络是支撑数字经济的关键。目前，我国无论是宽带用户规模、固定宽带网速，还是网络能力等信息基础设施基本形成，均达到了连接网络的普及、服务享受的普及等要求。

二、数字经济在生产生活各个领域全面渗透

针对当前的经济结构调整和产业转型升级趋势，我国数字经济也发挥

着积极的推动作用。目前，工业云服务、大企业"双创"、企业互联网化、智能制造等领域的新模式新业态正不断涌现。

（一）数字经济正在引领传统产业转型升级

《关于积极推进"互联网＋"行动的指导意见》明确了"互联网＋"的11个重点行动领域：创业创新、协同制造、现代农业、智慧能源、普惠金融、益民服务、高效物流、电子商务、便捷交通、绿色生态、人工智能。数字经济引领传统产业转型升级的步伐开始加快。以制造业为例，工业机器人、3D打印机等新装备、新技术在以长三角、珠三角等为主的我国制造业核心区域的应用明显加快，大数据、云计算、物联网等新的配套技术和生产方式开始得到大规模应用，我国制造以领先技术和全球视野打造国际品牌，已稳步进入到全球产业链的中高端。

（二）数字经济开始融入城乡居民生活

根据中国互联网信息中心（CNNIC）报告，网络环境的逐步完善和手机上网的迅速普及，使得移动互联网应用的需求不断被激发。基础应用、商务交易、网络金融、网络娱乐、公共服务等个人应用发展日益丰富，其中手机网上支付增长尤为迅速。各类互联网公共服务类应用均实现用户规模增长。互联网的普惠、便捷、共享等特性，已经渗透到公共服务领域，也为加快提升公共服务水平、有效促进民生改善与社会和谐提供了有力保障。

（三）数字经济正在变革治理体系

数字经济带来的新产业、新业态、新模式，使得传统监管制度与产业政策遗留的老问题更加突出，发展过程中出现的新问题更加不容忽视。一方面，数字经济发展促进了政府部门加快改革不适应实践发展要求的市场监管、产业政策，如推动"放管服"改革、完善商事制度、降低准入门槛、建立市场清单制度、健全事中事后监管、建立"一号一窗一网"公共服务机制，为数字经济发展营造良好的环境。另一方面，数字经济发展在倒逼监管体系的创新与完善，如制定网约车新政、加快推进电子商务立法、规范互联网金融发展、推动社会信用管理等。当然，数字经济也为运用大数据、云计算等信息技术提升政府监管水平与服务能力创造了条件和工具。

三、数字经济推动新业态与新模式不断涌现

我国数字经济的后发优势强劲，快速发展的互联网和正在转型升级的传统产业相结合，迸发出巨大的发展潜力，新业态与新模式不断涌现。

（一）我国在多个领域已加入全球数字经济领跑者行列

近年来，我国在电子商务、电子信息产品制造等诸多领域取得"单打冠军"的突出成绩，一批信息技术企业和互联网企业进入世界前列。我国按需交通服务已成全球领导者，年化按需交通服务次数达 40 亿次以上，在全球市场所占份额为 70%。

（二）我国分享经济正在成为全数字经济发展排头兵

近年来，我国分享经济快速成长，创新创业蓬勃兴起，本土企业创新凸显，各领域发展动力强劲，具有很大的发展潜力。我国分享经济市场主要集中在金融、生活服务、交通出行、生产能力、知识技能、房屋短租等六大领域。分享经济领域参与提供服务者约 5000 万人（其中平台型企业员工数约 500 万人），约占劳动人口总数的 5.5%，参与分享经济活动的总人数已经超过 5 亿人。

四、我国数字经济未来的发展

未来，我国信息基础设施体系将更加完善，数字经济将全方位影响经济社会发展，数字经济市场将逐渐从新兴走向成熟，创新和精细化运营成为新的发展方向，数字经济总量仍将保持较快发展。

（一）国家信息基础设施体系将更加完善

《国家信息化发展战略纲要》提出，固定宽带家庭普及率要达到中等发达国家水平，4G/5G 网络覆盖城乡，技术研发与标准取得突破性进展。互联网国际出口带宽达到每秒 20 太比特（Tbps），支撑"一带一路"建设实施，与周边国家实现网络互联、信息互通，建成中国—东盟信息港，初步建成网上丝绸之路，信息通信技术、产品和互联网服务的国际竞争力明显增强，移动互联网连接规模超过 100 亿个，占全球总连接的比例超过 20%，"万物互联"的时代开始到来。到 2025 年，新一代信息通信技术得到及时应用，固定宽带家庭普及率接近国际先进水平，建成国际领先的移动通信网络，实现宽带网络无缝覆盖，互联网国际出口带宽达到每秒 48 太比特（Tbps），建成四大国际信息通道，连接太平洋、中东欧、西非北非、东南亚、中亚、印巴缅俄等国家和地区。到 21 世纪中叶，泛在先进的信息基础设施为数字经济发展奠定坚实的基础，陆地、海洋、天空、太空立体覆盖的国家信息基础设施体系基本完善，人们通过网络了解世界、掌握信息、发家致富、改善生活、享有幸福。

（二）经济发展的数字化转型成为重点

以信息技术为代表的技术群体性突破是构建现代技术产业体系、引领经济数字化转型的动力源泉，先进的信息生产力将推动我国经济向形态更高级、分工更优化、结构更合理的数字经济阶段演进。按照国家信息化发展战略要求，核心关键技术部分领域将达到国际先进水平，重点行业数字化、网络化、智能化取得明显进展，网络化协同创新体系全面形成，以新产品、新产业、新业态为代表的数字经济供给体系基本形成；信息消费总额将达到 6 万亿元，电子商务交易规模达到 38 万亿元，信息产业国际竞争力大幅提升，制造业大国地位进一步巩固，制造业信息化水平大幅提升，农业信息化水平明显提升，部分地区率先基本实现现代化。到 2025 年，根本改变核心关键技术受制于人的局面，形成安全可控的信息技术产业体系，涌现一批具有强大国际竞争力的数字经济企业与产业集群，数字经济进一步发展壮大，数字经济与传统产业深度融合；信息消费总额达到 12 万亿元，电子商务交易规模达到 67 万亿元；制造业整体素质大幅提升，创新能力显著增强，工业化与信息化融合迈上新台阶；信息化改造传统农业取得重大突破，大部分地区基本实现农业现代化。预计到 2025 年我国互联网将促进劳动生产率提升 7%~22%，对 GDP 增长的贡献率将达到 3.2%~11.4%，平均为 7.3%。到 21 世纪中叶，国家信息优势越来越突出，数字红利得到充分释放，经济发展方式顺利完成数字化转型，先进的信息生产力基本形成，数字经济成为主要的经济形态。

（三）分享经济将成为数字经济的最大亮点

经历了萌芽、起步与快速成长，分享经济即将进入全面创新发展的新时期，成为数字经济最大的亮点。据 CNNIC 预测，未来 5 年我国分享经济年均增长速度在 40% 左右，未来 10 年我国分享经济领域有望出现 5~10 家巨无霸平台型企业。一是更全面的普及。随着互联网应用的普及，会有更多的中老年人群、农村居民参与到分享经济中来。二是更广泛的分享。从无形产品到有形产品、从消费产品到生产要素、从个人资源到企业资源，物物皆可纳入分享经济的范畴。三是更深入的渗透。分享经济将深入渗透到各个行业领域，分享经济不仅活跃在交通、住房、教育、医疗、家政、金融等与人们生活息息相关的服务业领域，还将迅速渗透到基础设施、能源、农业、制造业等生产性领域。四是更活跃的创新。未来，我国分享经济将进入本土化创新的集中爆发期，分享经济企业将加速从模仿到原创、从跟随到引领、从本土到全球的质的飞跃。

第四章 国内外数字经济发展现状

第一节 国外数字经济发展概述

一、全球数字化发展路径

数字经济的发展促使全球化步入新的阶段——信息全球化。与传统路径相比，数字全球化具有两大特点：一是从实体物品的传输转向虚拟物品的传输，二是跨国数据流动产生巨大经济价值。

（一）核心要素流动转变

随着信息技术的不断发展，交通工具已经不再是全球化唯一的纽带，数字化平台成为新时代全球化的核心。全球数据流主要包括信息、检索、通信、交易、视频以及企业间的业务渠道。Facebook、YouTube、Whats 成为全球前三的在线交流平台，面向全球客户。阿里巴巴、亚马逊、e-Bay、Flipkart、日本乐天作为世界领先的电子商务平台，其电子商务在全球物品交易中占比为12%。全球贸易不再局限于实体货物，电子书、App、电子游戏、数字音乐、云服务等虚拟产品也成为全球贸易的商品。除此之外，数字化人才平台为传统的人才就业以及自由职业者提供了新的求职渠道，极大地拓展了人才的全球流动范围。与此同时，信息与知识的流动是全球化的新趋势，数字图书馆、在线教育平台、媒体杂志等不仅服务于本国，还面向全球用户。

（二）跨国跨界数据流通

基于数字化对全球经济的影响日益深远，各国数字经济的发展都将在全球范围产生影响，同时，数字化竞争也常常跨领域、跨界。因此，企业和国家都应保持警醒、建立联系、增强合作，致力于将数字经济的复合效应向有利于世界人民的方向发展，共同创造更大的利益空间。

在全球数字经济的发展过程中，处于全球双边贸易网络边缘的国家相较处于贸易网络中心的国家会获益更多，对其 GDP 的增长影响将超出处于贸易网络中心的国家 40%。外围国家能够利用数据流的传播开拓新的贸易市场，合作对象也不再局限于少数邻国。此外，数据流通打破了地域对知识、信息及创新资源的限制，相对改善了信息资源发展不均衡的现象。对经济欠发达的经济体来说，新的数字平台对贸易及人才发展的影响会更加深远。

二、全球数字经济发展战略

（一）全球数字经济发展概述

1. 数字经济发展基础

2015 年 7 月，经济合作与发展组织（OECD）发布《数字经济概览：2015》。2016 年 1 月，世界银行（World Bank）发布其旗舰出版物《2016世界发展报告：数字红利》。同年 7 月，世界经济论坛（WEF）发布《2016年全球信息技术报告——数字经济时代推进创新》。2017 年 2 月，全球移动通信系统协会（GSMA）联合波士顿咨询公司（BCG）发布《拥抱数字革命：

制定相应政策，打造数字经济》。这些报告均强调了发展数字经济的重大意义，并指出现有的信息技术基础设施建设项目仍有提升空间，应用方面的潜力仍未被完全开发。这些报告明确指出：政府应加速推动信息技术的应用以促进经济和社会福利水平的提升，并密切关注网络安全等问题，减少科技变革可能带来的负面影响；鼓励各国政府制定战略发展政策，构建高速可靠的网络技术基础；鼓励相关投资以促进数字经济发展，加强区域化连接，发展数字化政府，提升公民的数字化参与度。

2. 亚太经合组织（APEC）

亚太经合组织在 2002 年的 APEC 第十次领导人非正式会议上通过了《关于执行 APEC 贸易和数字经济政策的声明》，以促进全球网络化、贸易化环境建设为目的，首次为组织内进行贸易与数字等新经济领域的合作制定了政策框架。2005 年 5 月，APEC 第二十一届贸易部长会议在菲律宾长滩举行。会议就支持多边贸易体制、加强区域经济一体化及中小企业参与全球市场等议题进行了讨论。在该次会议中，来自 21 个成员国的电子信息官员协商颁布了《电子信息工作组战略行动计划 2016—2020》。该行动计划鼓励各成员国加强电子信息基础设施建设，提升技术连通性、连贯性以及协调监管水平，发展数字科技在各领域的应用，最大化发挥协同作用。

3. 二十国集团（G20）

2016 年 9 月的 G20 杭州峰会将"数字经济"列为创新增长蓝图中的一项重要议题，共同探讨了利用数字机遇应对挑战、发展数字经济推动经济实现包容性增长的路径。在该次会议上，由中国倡导并通过的《G20 数字经济发展与合作倡议》，是全球首个由多国领导人共同签署的数字经济政策文件。继 G20 杭州峰会后，2017 年的 G20 德国汉堡峰会继续聚焦和深入探讨数字经济这一重要议题，在更广泛的领域全面推进数字经济发展。

数字技术打破了地理位置对商业活动的限制，扩大了贸易参与范围，创造新市场并连接新用户。与此同时，个人也成为数字全球化的直接受益者。艺术家、企业家、软件开发者以及自由职业者都可以通过在线平台寻找合作及就业机会。相关数据显示，每年有9亿人在互联网上进行跨国交流，有3.6亿人参与跨境电子商务，有4400万人通过数字平台为他国客户提供服务，有接近1300万人上网学习他国提供的网络课程。

数字经济深刻影响了全球化进程，使得世界各地间的连接范围更广，程度更深，内涵更多元。因此，世界组织及各国政府都将数字经济视为促进经济发展、提高国际竞争力、改善社会福利的必经之路。

（二）国外数字经济发展战略

1.美国数字经济发展

（1）基础设施建设

美国政府自二十世纪九十年代就开始关注数字经济，先后出台了多项政策与发展计划。这些政策大体分为三个方面：基础设施建设、数字发展战略以及数字政府。1993年，克林顿政府提出"国家信息基础设施行动计划（NII）"，并于次年实施"全球信息基础设施行动计划（GII）"，两项计划的实施，不仅加大了对数字技术基础设施的投资力度，也加强了社区、农村和边远地区的网络建设，使低收入家庭有了使用因特网的机会。

2010年4月，美国联邦通信委员会(FCC)宣布《国家宽带计划落实纲要》，目标是在十年内连接1亿美国家庭，并且在移动创新领域处于全球领先地位，拥有世界上最快、最广泛的无线网络。2017年1月，美国国家电信与信息管理局（NTIA）与国家科学基金会（NSF）联合发布《国家宽带研究议程》，重点关注四个方面的技术发展：新兴宽带基础设施与系统、宽带设施韧性与公共安全、下一代体系结构、安全与隐私。

这些战略带来了可观的成果。2009 年年初，美国有线和无线宽带网络的投资已接近 2500 亿美元。美国无线网络的年投资额在接下来的四年间以 40% 的速度增长，到 2012 年时已超过 300 亿美元，投资额超过当时主要的石油、天然气和汽车公司。美国是第一个大规模部署 4G（第四代移动通信技术）网络的国家，2015 年时，83% 的美国人已经能够连接到至少 25Mbps 速度的网络。2019 年，FCC 决定将 2.5GHz 频段频谱重新定位，改变其目前的教育用途，为 5G 提供更多频谱。2019 年 12 月，美国移动电信公司（T-Mobile）称，要在美国推出首个"全国性"5G 服务，覆盖美国约 60% 的人口，但该公司承认这种 5G 服务未必会让网速显著提升。

（2）数据与科技战略

除信息基础设施外，大数据的开发与应用也是美国政府关注的重点。2012 年 3 月，奥巴马政府推出了"大数据研究与开发计划"，该计划主要关注大数据研发的七个关键领域，并制定了七项战略方针，旨在促进人类对科学、医学和安全所有分支的认识，确保美国在研发领域继续发挥领导作用，通过研发来提高美国和世界解决紧迫的社会和环境问题的能力。

美国政府注重通过构建数据驱动战略体系来激发联邦机构和整个国家的新潜能、加速科学发现和创新进程，并为数字发展的未来培养人才，以期在数字化时代具备领先全球的竞争力。2016 年 5 月，美国政府发布《联邦大数据研究与开发战略计划》，该计划制定了七项基本政策，分别对联邦政府各部门的大数据项目进行引导与拓展。

2.英国数字经济发展

英国数字经济处于全球领先地位，并成为英国经济增长的主要驱动力。为缓解 2008 年国际金融危机带来的经济重创，调整产业结构，实现产业振兴，2009 年 6 月，英国政府推出了《数字英国计划》，旨在通过改善基础设施，推广全民数字应用，提供更好的数字保护，从而将英国打造成世界的"数字之都"。该计划在宽带部署、移动通信、广播升级以及互联网管制方面制定了相关具体措施，目的是实现数字网络现代化，营造良好的数字文化创意产业环境，鼓励英国民众提供数字内容，确保所有人公平接入数字网络以及完善政府电子政务建设。这项战略成为英国数字经济领域文化产业和分享经济发展的重要推动因素，是英国数字经济发展的起点。

2013年6月，为进一步促进数字经济发展，英国政府颁布了《数字英国战略2013》，确定了四个主要目标：①建立一个强大的创新型数字经济部门，向世界出口最先进的产品和技术。②促进英国企业，特别是中小型企业积极使用信息技术和数据资源。③保证英国公民从数字时代中受益。④提升技能人才和基础设施的应用以巩固英国信息产业发展。该战略从技术创新、集群发展、市场产业链、公众需求、人才教育以及其他专项建设等多个方面入手，制定了发展目标及行动纲要，明确了英国数字经济在短期内的发展方向。

2015年2月，英国技术战略委员会（TSB）"创新英国"发布《英国2015—2018年数字经济战略》，该战略倡导通过数字化创新来驱动经济社会发展，为将英国建设成为未来的数字强国做出战略部署。该战略主要关注数字化创新及其应用，聚焦用户需求，构建数字设施、平台以及生态环境，整合创新技术资源，营造良好的商业、法律和监管环境，确保数字化发展的可持续性。

2017年3月，英国发布最新的《英国数字战略》，目标是在2025年将数字经济对英国经济的贡献值从2015年的1180亿英镑提升至2000亿英镑。该战略从技术基础、人力资源、投资及政策方面制定了七大战略方向：①链接战略。致力于打造世界级的数字基础设施，使宽带接入成为公民基本权利，加速推进网络全覆盖建设。②数字技能与包容性战略。为每个公民提供提升其数字技能的培训机会，降低学习成本，为数字经济的发展培养适合的技术人才，并探索更好的人才培育模式。③数字经济战略。加大资金投入力度与政策支持，为科技创新和数字创业提供良好生长环境。④数字转型战略。帮助每一个英国企业实现数字化转型，缩小差距，提高生产效率。⑤网络安全战略。确保技术、数据以及网络的安全，保护企业、公民以及公共服务的利益；投资和鼓励网络安全行业发展以及人才的培养和输出，并重点关注儿童网络安全。⑥打造全球领先的数字政府，为公民提供更好的在线服务。⑦数据经济战略。发展数据驱动型经济，采取多重举措释放数据在英国经济中的潜力，同时加强数据保护和数据开放共享。

3. 欧盟数字经济发展

欧盟的数字经济推进历程大体分为四个阶段：

第一阶段以 1993 年《成长、竞争力与就业白皮书》的发表并提出欧洲信息社会具体意见为标志，重点在于加快信息社会的网络基础建设。第二阶段以 2000 年 3 月《里斯本战略》的颁布及实施为标志。该战略目标是在 2010 年前成为"以知识为基础的、世界上最有活力和竞争力的经济体"，并将四大应用方向——电子政务、电子医疗与卫生、电子教育与培训、电子商务作为推动信息社会发展的主要支柱。第三阶段开始于 2005 年 6 月，以《i2010——建立充满经济增长和就业机会的欧洲信息社会》为标志。该战略鼓励开放、竞争的数字经济，强调 ICT 是提高包容度和生活品质的推动力。作为《里斯本战略》新的配套政策，为促进增长和扩大就业，该战略将采取综合措施，制定欧盟信息社会和视听媒体发展政策。该战略提出了三个优先政策：①为欧盟信息社会和媒体行业创建一个开放、有竞争力的单一市场；②促进一个有包容性的欧洲信息社会的形成；③将欧盟对 ICT

技术的研发投入提高80%。第四阶段的标志是2010年的《欧洲数字议程》，以及2015年的《单一市场战略》的发布。2010年的《欧洲数字议程》是"2020欧盟战略"中提出的七大旗舰计划中的首个计划。欧委会针对影响欧盟信息技术发展的七大障碍进行了分析，并提出了应对这些障碍的七项行动方案。

"数字单一市场战略"旨在打破欧盟范围内的数字市场壁垒，建立统一的电信服务、版权、IT安全、数据保护等多个领域的法律法规。该战略确立了使数字经济增长潜力最大化的三大支柱和十六项具体行动措施。

第一大支柱是为个人和企业提供更好的数字产品和服务，其中包括出台措施促进跨境电子商务发展；保障消费者权益；提供速度更快、价格更实惠的包裹递送服务；打破地域界限，改变同种商品不同成员国不同价的现状；改革版权保护法；推动提供跨境电视服务。

第二大支柱是创造有利于数字网络和服务繁荣发展的环境，包括全面改革欧盟的电信领域规章制度；重新审查视听媒体组织框架以适应时代需求；全方位分析评估搜索引擎、社交媒体、应用商店等在线平台的作用；加强数字化服务领域的安全管理，尤其是个人数据等。

第三大支柱是最大化实现数字经济的增长潜力目标，包括提出《欧洲数据自由流动计划》，推动欧盟范围内的数据资源自由流动；在电子医疗、交通规划等对单一数字市场发展至关重要的领域，推动建立统一标准和互通功能；建成一个包容性的数字化社会，使民众能抓住互联网发展带来的机遇和就业机会。

总而言之，通过对世界各国历年来发布的数字经济相关政策进行统计研究发现，各国的数字经济战略均经历了从信息化基础设施建设，到利用数字化技术全面改善国民生活质量，再到推动数字产业与传统产业融合发展的过程。多数国家的数字经济战略具体包含以下四个方面：①提升互联网质量，提高网络覆盖率；②推动大数据及高科技产业的科研与发展；③发展数字政府；④根据国情特色大力推动数字产业融合发展。

三、国外数字经济对产业转型的推动

数字化产业的蓬勃发展以及数字技术对传统产业生产力的巨大提升，是数字经济成为影响宏观经济重要元素的主要原因。因此，世界各国均根据本国国情及国家支柱产业的发展状况制定了相关发展政策。例如，美国利用本国高科技人才丰富、核心技术资源丰富的特点，一方面制定重振制造业策略，以发展智慧工业为动力，提升就业率，重振经济活力；另一方面加大人工智能等科学技术的研发投入力度，以核心技术为支撑，巩固其在数字时代的全球领先地位，争夺国际话语权。再如，日本依托本国信息技术强的长板，发布《创建最尖端 IT 国家宣言》《机器人新战略》，以期在数字时代用技术跑赢世界其他国家。根据本国工业制造业发达并具有世界影响力的特点，德国提出工业 4.0 的概念，旨在通过打造智能制造的新标准来巩固其全球制造业的龙头地位，以"确保德国制造的未来"。

（一）农业数字化转型

据联合国预测，世界人口将在 2050 年前超过 90 亿，并在 21 世纪末突破 100 亿大关。为了确保向迅速激增的人口提供足够的粮食，全球农业需要在比现有耕地多 5% 的土地上增产 70%。为了使土地生产力最大化，应用数字科技准确预测农作物生长状况，实现精准农业发展是不二选择。

美国农业部（USDA）和国家电讯信息局（NTIA）于 1993 年就已开始联合实施"农村设施服务计划"，每年拨款 15 亿美元用于推动农村和边远地区的互联网发展。

完善的信息和通信技术设施与互联网络帮助美国农业利用自动控制技术及网络技术实现了农业数据资源的社会化共享。1975 年，由内布拉斯加大学创建的世界上最大的农业计算机网络系统 AGNET，覆盖全美 46 个州、加拿大的 6 个省，以及除美国、加拿大以外的 7 个国家，连通美国农业部、15 个州的农业署、36 所大学和大量的农业企业。用户通过家中的电话、电视或电脑，就能轻松查阅共享网络中的信息。这使农业生产者能及时、准确、完整地获得市场信息，有效地减少了其农业经营的生产风险。此外，美国国家农业数据库、国家海洋与大气管理局数据库、地质调查局数据库等规模化、影响大的涉农信息数据中心（库）实行"完全与开放"的共享政策。已经形成的"计算机集成自适应生产"模式，将生产参数信息（气候、土壤、种子、能源等）、资金及劳动力信息进行整合与计算，帮助生产者选定最佳种植方案，并在农作物的生长过程中，根据局部气候变化，进行自适应喷水、施肥、施药等农业活动。

与此同时，精准农业发展利用 3S 技术 [遥感技术（RS）、地理信息系统（GIS）和全球定位系统（GPS）] 准确观测田间因素的变化，精确调整各项管理措施，最大限度地开发土地与农作物的潜能，以达到产量最大化、经济效益最大化的目标。近年来，农用无人机应用的增加，提高了农场环境的管理效率，从而提高了产量、生产率和收益。通过无人机收集和分析特定土地植物种群的可视化和多频谱数据，并将数据上传至云端，方便进行储存和远程操作。农田管理软件将采集的数据和图象信息进行处理与整合，进一步提升了精细化耕作水平。

随着经济的持续发展，农业劳动工作者的比例也在逐年递减。GDP 每增加 1%，农业从业者将减少 0.52%。因此，使用机器人或自动化机器代替人类进行信息处理以及农业劳动是一个趋势。如今，各式各样的农用机器人已经在全球范围内被广泛使用，已经能够代替人工完成大部分传统农业活动，如耕地、播种、收割、挤牛奶等。

（二）制造业数字化转型

1. 美国重振制造业

当前美国政府在着力构建数字化制造研究所，着力实现产学研联合发展。数字化制造实际上是通过应用数据与工具对相关信息进行加工，并以此做出更好决策的过程。美国制造业的营运模式已经从铸造工艺转型为先进数字化制造技术，在这一过程中，很多数字化制造工作的开展依赖的是美国国家增材制造创新研究所，其已经汇聚了协作性和可持续性的一百多个成员。美国芝加哥地区拥有自身的优势，能很好地做到这一点。利用伊利诺伊大学的高性能计算能力，美国国家超级计算应用中心、阿贡国家实验室以及位于该地区的其他一些超级计算机，使其拥有处理数据的能力。

2. 德国工业 4.0

为了应对美国等发达国家的"再工业化"以及以中国为首的新兴国家制造业崛起带来的冲击，德国于 2011 年推出《未来图景"工业 4.0"》，正式提出"工业 4.0"的概念。在机械化、自动化和信息化的基础上，建立智能化的新兴生产模式与生产结构。德国工业 4.0 的具体内容可概括为"一个网络、两大主题、三项集成、八项举措"。

"一个网络"是指信息物理系统网络，即将信息物理系统接入互联网，使物理设备具有计算、通信、精确控制、远程协调和自治五大主要功能。

"两大主题"是指智能工厂和智能生产。智能工厂重点研究智能化生产系统及过程和网络化分布生产设施建设的实现，是数字世界和现实世界的融合。智能生产的重点在于将人机互动、智能物流管理、3D 打印机等先进技术应用于工业生产的全过程，从而形成高度灵活、个性化、网络化的产业链，实现广泛的自动化控制。

"三项集成"是指横向、纵向以及端对端集成。横向集成是指企业间通过价值链和信息网络进行资源整合与无缝合作，纵向集成是指个性化需求定制生产代替传统固定式生产流程，端对端集成是指贯穿整个价值链的工程化数字集成。这些集成的实现需要通过虚拟实体系统使无处不在的传感器、嵌入式终端系统、智能控制系统以及通信设施形成一个智能网络。

"八项举措"是指德国工业4.0的实现需要在八个关键领域采取行动，分别是：标准化和参考架构、管理复杂系统、为工业建立全面宽频的基础设施、安全和保障、工作的组织和设计、培训和持续的职业发展、规章制度、资源利用效率。德国工业4.0战略的核心就是通过虚拟实体系统网络实现人、设备以及产品的实时连通、相互识别和有效交流，进而构建一个高度灵活的个性化、数字化的智能制造模式。以奥迪公司为例，2030年的奥迪智能工厂将不再使用传统的生产流水线，客户通过三维扫描获得身体尺寸进行个性化定制，由3D打印机打印车身零部件，通过无人机在车间内传递，工人与机器人协同工作，成品汽车以自动驾驶的方式驶离装配线。目前，奥迪已经实现了智能制造，其增强现实系统"世界之窗"能够将虚拟3D零部件投影到汽车上，进而实现数字世界和物理世界的精准对接。

（三）公共服务业数字化转型

服务业在全球数字化的影响下，通过数字化融合发展经历了巨大的转变过程，典型行业包括数字教育、数字媒体、数字医疗、数字交通等。

数字教育具有普遍应用性，可以解决教育资源不足、分配不均等问题，提升教育的转化效率。因此，数字教育得到了全球各国政府的大力支持。美国是最早开始发展数字教育的国家之一。"学校及图书馆项目"计划每年投入39亿美元，用于给学校及图书馆提供稳定的高速宽带。2012年3月，美国教育部和全美联邦通信委员会宣布实行美国数字化教育的第一个五年计划，目标在2017年前后在全美K-12公立学校普及数字化课本。2014年秋，美国政府推出"未来准备承诺"项目，旨在帮助学校充分利用信息技术使学习活动更加个性化，并提供高质量的数字教学内容以培养学生探究力和创造力。

云图书馆以及大型开放式网络课程（MOOC）是数字教育的体现。美国的云图书馆计划是由OCLC研究中心、Hathi Trust数字图书馆、纽约大学Bobst图书馆、研究型馆藏获取和保存。联盟四方为适应云发展联合策划和实施的项目，旨在将庞大的印本图书转化为便于储存、管理、检索、分享的数字图书馆，并为图书类文本分析提供资源和渠道。与此同时，各高校及网络平台大力推广在线网络课程，不仅扩大了知识的传播范围，便于用户进行再培训，提高民众数字素养，还开辟了翻转课堂等新的学习方式，提高学习者的学习效率，强化学习效果。

随着科技的发展，VR/AR技术将会加入数字教育，带来更加无缝融合的数字环境，建立平衡而有深度的学习框架。VR/AR技术带来的沉浸式学习体验能够为师生提供更丰富生动的教育场景以及"实操"机会，进而影响学习者的学习习惯和思维。除了数字媒体的线下媒体转线上媒体，计算机算法及人工智能的提升还将为传统的媒体方式带来新变化。媒体可以根据大数据对用户的分析，更有针对性地点对点投放定制信息，提高转化率，同时改善旧有的信息接收模式。人工智能方面，自动写作软件的适用范围越来越广，从金融财经到教育、体育以及公共安全，AI在内容产品领域的参与度在逐步加深。

数字医疗是提升医疗资源、提高医疗质量的重要发展方向，是解决"看病难、看病贵"的关键方法。谷歌DeepMind团队开发的Streams产品能在短短几秒钟内查看并判断存在急性肾脏损伤风险的患者的验血结果，并给出优化治疗方案。IBM 的 Watson 可以快速检索 60 万份医疗报告以及 150 万份癌症病例，并给出智能排序后的治疗方案清单，帮助医生制订个性化治疗方案。

数字交通是"智慧城市"的一部分，物联网的发展和智能设备的普及，使得人们获取交通数据更加便捷和多维。手机通信数据、停车数据、ETC（电子收费系统）收费数据、气象数据等多元大数据，可帮助实现城市范围内交通数据的充分融合和精确感知，从而实现城市交通的智能化控制。快速发展的自动驾驶技术将改变未来交通模式。根据相关研究预测，2035 年前，全球具备无人驾驶功能的车辆将达到 1800 万辆，其中 1200 万辆具备完全无人驾驶功能。目前，世界各国已开展自动驾驶立法研究，美国同家公路交通安全管理局早在 2013 年就已发布《自动驾驶汽车的基本政策》，用于规范自动驾驶汽车的测试监管。联合国通过《维也纳道路交通公约》发布关于自动驾驶技术的修正案，规定在全面符合联合国车辆管理条例或者驾驶员可以选择关闭该技术的情况下，将驾驶车辆的职责交给自动驾驶技术可以被允许应用到交通运输当中。

四、国外网络信息安全与管理借鉴

数字经济的迅速渗透使得互联网已经成为人们日常生活不可或缺的一部分。无论是日常生活的娱乐、购物、在线支付，还是公司运营中的办公与生产，都离不开互联网。网络安全问题是各国发展数字经济需重视的主要问题之一。网络安全是影响社会各个层面的战略性问题，制定国家网络安全战略是提升国家基础设施和服务安全水平以及可恢复性的重要手段。为了应对日益严重的网络信息安全问题，目前世界主要经济体做法如下：

（一）美国

2016 年 2 月，奥巴马政府公布《网络安全国家行动计划》，该计划从提升网络基础设施水平、加强专业人才队伍建设、增进与企业的合作等方面入手，全面提高美国在数字空间领域的安全。计划的主要举措有：①由顶尖企业与技术专家共同建立"国家网络安全促进委员会"，共同起草网络安全技术与政策的十年发展规划；②拨款 31 亿美金作为信息技术现代化基金，用于升级或重建已过时或难维护的政府 IT 和网络安全管理基础设施；③通过"国家网络安全联盟"发起新的国家网络安全宣传行动，对信息消费者进行网络安全意识培训，加强用户在线账户的保护，除密码外，辅以指纹、短信发送一次性密码等更多安全措施。

特朗普政府提出，建立由军方、执法机构和私营部门组成的网络审查小组，致力于审查包括关键基础设施在内的美国网络防御的状况。"网络空间"早已成为美国国防部的作战范畴，网络战成为与陆战、海战、空战以及太空战并行的第五种作战形式。

（二）英国

2016 年 11 月，英国颁布《网络安全战略》，该战略涵盖八项内容，包括开展国际行动、加大干预力度、借助各界力量、改进武装部队网络技术、提升网络攻击应对能力、启动国家网络安全中心、成立网络创新中心、促进网络人才培养等，计划投入 19 亿英镑，用于提升网络防御技术，加强网络空间建设。2017 年 2 月，英国国家网络安全中心（NCSC）宣告成立，该中心由网络评估中心、计算机应急响应组和情报机构政府通信总部的信息安全小组合并而成，旨在打造"安全、繁荣、自信、能够抵御网络威胁的数字世界"。该中心目前从事的项目包括：增强电子邮件的安全性；扫描公共组织的系统漏洞；鼓励创新身份认证模式；开展默认安全伙伴计划；自动过滤实现网络保护；完善软件生态系统；减少攻击和应对安全事件；在研究、创新和技能上提升网络安全能力等。

除上述措施外，英国政府十分重视网络安全方面人才的培养。英国情报机构政府通信总部于2015年3月实施"CyberFirst"计划，通过各类竞赛挖掘潜在人才，培养"下一代网络安全专家"。NCSC成立后，英国继续通过制定战略、举办大赛、提供培训、保障就业、交流互动等方式加强人才优势，争取在网络安全建设的竞争中抢占先机。

（三）欧盟

2016年7月，欧盟立法机构通过《网络与信息系统安全指令》，旨在加强基础服务运营者和数字服务提供者的网络与信息系统的安全，提高欧盟应对处理网络信息技术故障的能力，提升欧盟打击黑客恶意攻击及跨国网络犯罪的力度。其核心内容有四项：①要求成员国制定网络安全国家战略，以应对日益激增的网络安全事故；②要求加强成员国之间的合作与国际合作，整体提升欧盟对网络安全威胁和事故的应对能力；③确立网络安全事故通知与分享机制；④对数字服务提供者采取轻监管思路，避免过度监管对物联网行业发展产生不利影响。

综上所述，互联网在削弱地域局限的同时也增加了安全隐患。信息数据的产生与流动蕴藏着巨大价值，因此保护信息与网络安全将是数字经济发展的重要一环。在数字经济蓬勃发展的当下，只有掌握核心资源、拥有更多话语权、不断提高综合竞争力，才能在这场变革中立于不败之地。

第二节　我国数字经济发展现状

一、我国数字经济发展战略

2013 年 8 月，国务院发布"宽带中国"战略实施方案，这是宽带设施建设首次成为国家战略性公共基础设施。该战略目标是在 2015 年基本实现城市光纤到户、农村宽带进乡入村、固定宽带家庭普及率达到 50%、3G/LTE 用户普及率达到 32.5%。根据方案提出的目标，到 2020 年，宽带网络全面覆盖城乡，固定宽带家庭普及率达到 70%，3G/LTE 用户普及率达到 85%，形成较为健全的网络与信息安全保障体系。

2015 年 7 月，国务院发布《关于积极推进"互联网 +"行动的指导意见》，旨在加强数字经济与传统产业的融合。目标是到 2018 年，互联网与经济社会各领域的融合发展进一步深化，基于互联网的新业态成为新的经济增长动力，互联网支撑"大众创业、万众创新"的作用进一步增强，互联网成为提供公共服务的重要手段，网络经济与实体经济协同互动的发展格局基本形成。到 2025 年，网络化、智能化、服务化、协同化的"互联网 +"产业生态体系基本完善，"互联网 +"新经济形态初步形成，成为经济社会创新发展的重要驱动力量，"互联网 +"的推动将进一步促进产业升级、提升公共利益空间、加速经济发展。

2015 年 5 月至 2016 年 7 月，我国先后出台《中国制造 2025》《促进大数据发展行动纲要》《国家信息化发展战略纲要》等一系列文件，为数字经济的发展提供了政策方面的指导与支持。其中《国家信息化发展战略纲要》为未来十年国家的信息化发展提出了"三步走"的战略方针：第一步，到 2020 年，核心关键技术部分领域达到国际先进水平，信息产业国际竞争力大幅提升，信息化成为驱动现代化建设的先导力量；第二步，到 2025 年，建成国际领先的移动通信网络，根本改变核心关键技术受制于人的局面，实现技术先进、产业发达、应用领先、网络安全坚不可摧的战略目标，涌现一批具有强大国际竞争力的大型跨国网信企业；第三步，到二十世纪中叶，信息化全面支撑富强、民主、文明、和谐的社会主义现代化国家建设，网络强国地位日益巩固，在引领全球信息化发展方面有更大作为。该纲要旨在大力推动数字化建设，使其成为我国面对国际竞争的新优势，并为国内经济增长新态势持续注入活力，同时降低数字设施应用成本以全面提升社会福祉。

2020 年 7 月，中国信息通信研究院正式发布《中国数字经济发展白皮书（2020 年）》（以下简称"白皮书"）。该白皮书是继 2015 年以来连续第六次发布数字经济研究成果，其中数字经济测算方法被纳入 G20（阿根廷）《数字经济测算工具箱》，测算结果被广泛引用。值得注意的是，该白皮书首次提出了数字经济"四化"框架。具体内涵如下：

一是数字产业化。数字产业化即信息通信产业，是数字经济发展的先导产业，为数字经济发展提供技术、产品、服务和解决方案等。具体包括电子信息制造业、电信业、软件和信息技术服务业、互联网行业等。数字产业化包括但不限于 5G、集成电路、软件、人工智能、大数据、云计算、区块链等技术、产品及服务。

二是产业数字化。产业数字化是数字经济发展的主阵地，为数字经济发展提供广阔空间。产业数字化是指传统产业应用数字技术所带来的生产数量增加和效率提升，其新增产出构成数字经济的重要组成部分。数字经济，不是数字的经济，而是融合的经济，其中实体经济是落脚点，高质量发展是总要求。产业数字化包括但不限于工业互联网、两化融合、智能制造、车联网、平台经济等融合型新产业新模式新业态。

三是数字化治理。数字化治理是数字经济创新快速健康发展的保障，是国家治理体系和治理能力现代化的重要组成部分，即运用数字技术，建立健全行政管理的制度体系，创新服务监管方式，实现行政决策、行政执行、行政组织、行政监督等体制更加优化的新型政府治理模式。数字化治理包括治理模式创新，利用数字技术完善治理体系，提升综合治理能力等。数字化治理包括但不限于以多主体参与为典型特征的多元治理，以"数字技术＋治理"为典型特征的技管结合，以及数字化公共服务等。

四是数据价值化。价值化的数据是数字经济发展的关键生产要素，加快推进数据价值化进程是发展数字经济的本质要求。数据可存储、可重用，呈现出爆发增长、海量集聚的特点，是实体经济数字化、网络化、智能化发展的基础性战略资源。数据价值化包括但不限于数据采集、数据标准、数据确权、数据标注、数据定价、数据交易、数据流转、数据保护等。

人类经历了农业革命、工业革命，正在经历信息革命。新一轮科技革命和产业变革席卷全球，数据价值化加速推进，数字技术与实体经济集成融合，产业数字化应用潜能迸发释放，新模式新业态全面变革，将数据变成企业看得见、可运营的资产，这是国家与时代的要求。

二、我国数字经济总体规模

数字经济已经成为国内生产总值的重要组成部分。《中国互联网发展报告2019》指出，2018年，我国数字经济规模达31.3万亿元，占GDP比重达34.8%，数字经济已成为我国经济增长的新引擎。截至2019年6月，我国网民规模为 8.54 亿，互联网普及率为 61.2%。光纤接入用户规模达 3.96 亿，居全球首位。

数字经济逐步成为我国经济发展的核心动力，并将为各行各业带来新的发展契机。中国"互联网 +"数字经济指数由基础分指数、产业分指数、"双创"分指数，以及智慧民生分指数共四部分的加权平均值相加构成。其中，基础分指数由来自微信及手机 QQ 的移动互联网产品数据以及腾讯云计算平台的四个用量指标构成；产业大于指数取自三大类行业微信公众号的十大特征值，移动支付数，以及京东、滴滴、携程、新美大这四家行业领先的互联网公司的交易及流量数值；"双创"分指数由新增 App 数量及有效创业项目数量构成；智慧民生指数来自对公共服务项目价值和质量的测评，以及用户活跃度、满意度等指标。细分行业中表现最为强劲的是医疗健康、交通物流以及教育行业，其增幅分别为 397.61%、307.77% 以及 304.88%。由此反映出各产业在数字化进程的推进中取得的重大成果，以及部分产业消费升级带来的正面经济影响。

该报告分析，在我国各大城市中，北京、深圳、上海、广州的数字化进程较为领先，其余城市的发展程度自这四个一线城市，由东南沿海向中西部纵深发展。在省级单位的排名中，广东省高居榜首，北京、上海、浙江、江苏分居 2~5 位。这五个省市在"互联网 +"数字经济总指数中占比高达 49.07%。排名稍后的省份与城市相较第一梯队增长速度更加快速，其中二、四线城市的"互联网 +"数字经济指数增速均高于全国水平，因此数字经济有助于缩小经济差距，推动国内整体经济的腾飞。

三、我国信息技术高新产业

当前新一轮科技革命和产业变革席卷全球，大数据、云计算、物联网、移动互联网（"大云物移"）以及人工智能、区块链等新技术不断涌现，数字经济正深刻地改变着人类的生产和生活方式，作为经济增长新动能的作用日益凸显。

（一）大云物移

"大云物移"是指大数据、云计算、物联网以及移动互联等新一代互联网和信息技术产业发展的基础力量。

1. 大数据

大数据是数据体量超指数增长的现象，是人们在信息与实物之间活动留下的投影，具有"真""快""全"的特点。国家于 2015 年 9 月发布《促进大数据发展行动纲要》指出，大数据已成为推动经济转型发展的新动力、重塑国家竞争优势的新机遇以及提升政府治理能力的新途径。大数据发展指数旨在评估全国各省的大数据发展水平，该指数包括政策环境、人才状况、投资热度、创新创业、产业发展以及网民信息，共六个一级指标。通过测评，2018 年全国大数据发展指数的平均值仅为 47.15，反映出我国大数据发展总体仍处于起步阶段。其中，北京市、广东省以及上海市位居前三，分别为78.22、74.72、69.14。从地域上看东南沿海地区发展趋势较好，其次是位于西南的贵州、重庆和四川。从六个一级指标来看，"投资热度"和"产业发展"得分相对较低，是当前地方大数据发展的短板。近年来，国家各部门相继推出相关大数据发展意见和方案，大数据政策逐渐从总体规划趋向各大行业及细分领域，从理论基础趋向实际应用，大数据政策体系日益完善。政策的推动使得我国积累了一定的大数据管理经验，逐步探索出具有地方特色的大数据发展运营管理机制，并且在加速数据开放度的提升的同时，大数据项目的投融资与创新创业数值也在稳步增加。

目前大数据发展面临的主要问题有三个：人才供需不平衡、数据管理体系尚未完善、数据安全风险突出。现阶段人才市场对数据分析和系统研发岗位需求较为旺盛有北京、上海、深圳三地的大数据就业市场，相对全国其他地区最为活跃，但深圳、南京、大连、南昌、贵阳、合肥以及天津等地人才供给不足的现象较为突出。高端综合型人才短缺问题日益突出，主要面临的问题有：①我国大数据发展历程还较短，从业者经验不足，对大数据的认知和分析思维相对滞后；②人才发展速度无法追赶正在高速发展的大数据市场，人才缺口日益明显；③我国大数据专业教育仍处于起步阶段，人才培养模式有待优化；④人才供需结构不平衡。

大数据未来发展方向可从以下几方面着手：①促进供需精准对接，推动大数据技术进步；②加强各方数据治理，发挥数据资产价值；③化行业整体环境，加快行业资源开放；④实施融合发展战略，构建产业生态体系；⑤加强校企合作，探索人才培养方式；⑥完善法律制度，保障数据安全；⑦突出地方特色，优化区域产业布局；⑧产学研协作创新，加速基础设施建设。

2. 云计算

"云计算"这个概念从提出到今天，已经差不多有10年了。在这10年间，云计算取得了飞速的发展与翻天覆地的变化。现如今，云计算被视为计算机网络领域的一次革命，因为它的出现，社会的工作方式和商业模式发生了巨大的变化。

云计算的产生和发展与并行计算、分布式计算等计算机技术密切相关。云计算的历史，可以追溯到1956年，英国的计算机科学家克里斯托弗·斯特雷奇（Christopher Strachey）发表了一篇有关于虚拟化的论文正式提出"虚拟化"。虚拟化是今天云计算基础架构的核心，也是云计算发展的基础。

二十世纪九十年代，计算机网络出现了以思科为代表的一系列公司，随即网络进入泡沫时代。

2004 年，Web2.0 会议举行，Web2.0 成为当时的热点，标志着互联网泡沫破灭，计算机网络发展进入了一个新的阶段。在这一阶段，让更多的用户方便快捷地使用网络服务成为互联网发展亟待解决的问题。与此同时，一些大型公司开始致力于开发具有大型计算能力的技术，为用户提供更加强大的计算处理服务。

2006 年 8 月，Google 首席执行官埃里克·施密特（Eric Schmidt）在搜索引擎大会首次提出"云计算"（Cloud Computing）的概念。这是云计算发展史上第一次正式地提出这一概念，有着巨大的历史意义。

2007 年以来，"云计算"成为计算机领域最令人关注的话题之一，同样也是大型企业、互联网建设着力研究的重要方向。因为云计算的提出，互联网技术和 IT 服务出现了新的模式，引发了一场变革。

2008 年，微软发布其公共云计算平台（Windows Azure Platform），由此拉开了微软的云计算大幕。

同样，云计算在中国国内也掀起了浪潮，许多大型网络公司纷纷加入云计算的阵列。

2009 年 1 月，阿里软件在江苏南京建立首个"电子商务云计算中心"。同年 11 月，中国移动云计算平台"大云"计划启动。现在云计算已经发展到较为成熟的阶段。

2019 年 8 月，北京互联网法院发布《互联网技术司法应用白皮书》。在发布会上，北京互联网法院互联网技术司法应用中心揭牌成立。

目前，较为简单的云计算技术已经普遍服务于现如今的互联网服务中，最为常见的就是网络搜索引擎和网络邮箱。

大家最为熟悉的搜索引擎莫过于谷歌和百度，在任何时刻，都可以在搜索引擎上搜索任何自己想要的资源，通过云端共享数据资源。网络邮箱也是如此。在过去，寄一封信是一件比较麻烦的事情，而在云计算技术和网络技术的推动下，收发电子邮件成为人们在社会生活中的一部分，只要在网络环境下，人们就可以实现实时的邮件收发。

云计算主要通过以下几种形式应用于互联网大数据时代。

（1）存储云。存储云又称云存储，是在云计算技术上发展起来的一个新的存储技术。存储云是一个以数据存储和管理为核心的云计算系统。将本地的资源上传至云端后，用户便可在任何地方通过连接互联网来获取云端的资源。大家所熟知的谷歌、微软等大型互联网公司均有云存储的服务。在中国国内，百度云和微云则是市场占有量最大的存储云。存储云可以向用户提供存储容器服务、备份服务、归档服务和记录管理服务等，大大方便了使用者对其资源的管理。

（2）医疗云。医疗云是指在云计算、移动技术、多媒体、4G通信、大数据以及物联网等新技术基础上，结合医疗技术，使用云计算技术来创建医疗健康服务的云平台，以实现医疗资源的共享和医疗范围的扩大。因为云计算技术的运用，医疗云可提高医疗机构的效率，方便居民就医。如现在医院的预约挂号、电子病历、医保等都是云计算与医疗领域结合的产物。此外，医疗云还具有数据安全、信息共享、动态扩展、布局全国的优势。

（3）金融云。金融云是指利用云计算的模型，将信息、金融和服务等功能分散到庞大分支机构构成的互联网"云"中，旨在为银行、保险和基金等金融机构提供互联网处理和运行服务，同时共享互联网资源，从而解决现有问题并且达到高效、低成本的目标。2013年11月，阿里云整合阿里巴巴旗下资源并推出阿里金融云服务。其实，这就是现在基本普及了的快捷支付，因为金融与云计算的结合，只需要在手机上简单操作，就可以完成银行存款、保险购买和基金买卖等业务。现在，苏宁金融、腾讯等企业均推出了自己的金融云服务。

（4）教育云。教育云，实质上是教育信息化的一种发展。具体来说，教育云可以将所需要的任何教育硬件资源虚拟化，然后将其传至互联网，为教育机构和学生、教师提供一个方便快捷的平台。现在流行的慕课（MOOC）就是教育云的一种应用。慕课，是指大规模开放的在线课程。现阶段慕课的三大优秀平台为 Coursera、edX 以及 Udacity。在中国国内，中国大学 MOOC 是非常好的平台。2013 年 10 月，清华大学推出了 MOOC 平台——学堂在线，许多大学已使用学堂在线学习课程。

3. 物联网

近几年来，物联网加快了其与产业应用融合，已成为智慧城市和信息化整体方案的主导性技术思维。当前，物联网已由概念炒作、碎片化应用、闭环式发展阶段进入跨界融合、集成创新和规模化发展的新阶段，与我国新型工业化、城镇化、信息化、农业现代化建设深度交会，在传统产业转型升级、新型城镇化和智慧城市建设、人民生活质量不断提高等方面发挥了重要作用，并取得了明显的成果。

数据显示，"十三五"以来，我国物联网市场规模稳步增长，到 2018 年已达到 1.43 万亿元。工信部数据显示，截至 2018 年 6 月底，全国物联网终端用户已达 4.65 亿，未来物联网市场规模上涨空间可观。

4. 移动互联网

移动互联网是数字经济发展的基础条件之一。2017 年全国数字经济规模达到 27.2 万亿，占 GDP 总量的 32.9%；数字经济对 GDP 增长贡献已达到 55%，成为国民经济重要组成部分。

近年来，移动互联网的发展进入稳定期，用户性别结构逐渐接近人口比。

移动应用的发展也转向深耕细作，市场更注重细分，追求个性，线上线下相结合。我国移动互联网发展方向将从业务改造转向模式创新。继生活方面的移动互联应用发展浪潮过后，生产领域、社会领域的应用将会迎来快速发展期。伴随着工业智能化时代的到来，以机器人、3D 打印、智能家居、可穿戴设备、智能汽车为代表的新兴产业和新兴业态蓬勃发展，推动生产制造向数字化、网络化、智能化方向发展，移动互联网将在技术融合与产业升级方面起到关键作用。移动互联网不仅会方便人们的日常生活，还会进一步改变人们的工作方式。

与此同时，平台融合也是移动互联网发展的一大趋势。移动端打破了行业界限，将原本互相独立的产业、行业及不同的机构与部门融合到一个数字化网络平台，如新闻客户端与政府公共服务相结合，购物平台、交通购票以及缴费理财三位一体等。另外，移动互联网的发展还将与物联网以及金融科技结合越来越紧密。移动互联网的发展使得数字经济走入民众的日常生活，并为其带来最直观的变化。

（二）人工智能

人工智能（Artificial Intelligence），英文缩写为 AI。它是研究、开发用于模拟、延伸和扩展人的智能的理论、方法、技术及应用系统的一门新的技术科学。同时，人工智能也是各国政府战略发展的重点，多国政府于 2016 年前后相继发布了相关战略计划。欧盟于 2016 年以前发布《欧盟人脑计划》，英国于 2016 年发布《人工智能：未来决策制定的机遇与影响》。我国政府发布《机器人产业发展规划（2016—2020 年）》以及《"互联网+"人工智能三年行动实施方案》。

全球各大科技公司将发展人工智能作为其未来的业务核心。Alphabet、IBM、Facebook、亚马逊、微软以及苹果公司参与的非营利组织"人工智能伙伴关系（Partnership on AI）"，致力于推进公众对人工智能技术的理解，并制定未来人工智能领域研究者的行为准则，同时针对当前领域的挑战及机遇提供有益有效的实践。

作为新一轮产业变革的核心驱动力和引领未来发展的战略技术，国家高度重视人工智能产业的发展。2017 年我国国务院发布《新一代人工智能发展规划》，对人工智能产业进行战略部署。在 2018 年 3 月和 2019 年 3 月的政府工作报告中，均强调要加快新兴产业发展，推动人工智能等研发应用，培育新一代信息技术等新兴产业集群，发展数字经济。

在人工智能产业技术与应用取得突破的同时，人工智能领域获得了资本的青睐，成为风口产业，在资本和技术协同支持下进入了高速进步期。2018 年我国人工智能领域融资额高达 1311 亿元，增长 677 亿元，增长率为 107%。

目前我国人工智能的发展主要有两个方向：视觉识别和智能机器人，其中发展视觉识别的企业较多。百度、阿里、腾讯对核心技术研发方面的投入尤其重视。百度于 2011 年在美国硅谷建立了第一个人工智能中心，总研发投入连年增长。目前百度已完成人工智能技术体系的整合，将百度研究院、百度大数据、百度语音、百度图像等技术整体并入人工智能技术体系，将人工智能作为公司发展的主要项目。腾讯公司的人工智能技术侧重图像识别方向，其人脸识别、图片识别、音频识别等技术指标均在国际人工智能比赛中创下世界纪录，在人脸识别技术方面更是以 99.65% 的准确率名列世界前茅。

（三）区块链

区块链是比特币的基础技术，它源自化名为"中本聪"的学者在 2008 年发表的奠基性论文《比特币：一种点对点电子现金系统》。区块链是分布式数据储存、点对点传输、共识机制、加密算法等技术的集成应用。它创建了一种基于人工算法的新型信任机制，对多个行业有重大价值。截至 2018 年 4 月底，全球区块链融资达到 455 宗，累计融资额为 19.47 亿美元。近年来，区块链已成为各大国际组织与多国政府的讨论热点。

目前区块链技术和应用还处在开发与应用快速发展的初期。万向控股、蚂蚁云、微众银行、乐视金融及万达网络科技等企业，正在加大资金投入，推动成立了分布式总账基础协议联盟、金融区块链合作联盟，并建设联合实验室，加快研发通用的区块链平台，支持中小企业和个人创业创新。

四、我国数字融合发展状况

（一）农业融合发展

我国农业的数字化转型在如火如荼地开展。目前正在由单一数字农业技术向数字集成化、高度自动化方向发展。电子技术、控制技术、传感技术、农机工程装备集成已成功应用于精准农业发展当中。无人机除了传统的喷洒农药，也逐渐被广泛应用在土地确权、标准农田管理、航空植保以及农田测损等方面。农业大数据以及人工智能成为我国农村主要的发展方向。数字农业服务定制化成为未来数字农业的发展趋势之一。

（二）制造业融合发展

众多传统制造业企业，如三一重工、中联重科、海尔、商飞等，已开始广泛利用信息技术改进生产模式，提高生产效率，拓展企业价值空间。2015 年 5 月，国务院发布《中国制造 2025》，目标是通过"三步走"实现制造强国的战略目标。第一步：用十年时间迈入制造强国行列；第二步：到 2035 年，制造业整体达到世界制造强国阵营中等水平；第三步到 2045 年，制造业大国地位更加巩固，综合实力进入世界制造强国前列，制造业主要领域具有创新引领能力和明显竞争优势，建成全球领先的技术体系和产业体系。

《中国制造2025》中明确了九项战略任务和重点：①提高国家制造业创新能力；②推进信息化与工业化深度融合；③强化工业基础能力；④加强质量品牌建设；⑤全面推行绿色制造；⑥大力推动重点领域突破发展，聚焦新一代信息技术产业、高档数控机床和机器人、航空航天装备、海洋工程装备及高技术船舶、先进轨道交通装备、节能与新能源汽车、电力装备、农机装备、新材料、生物医药及高性能医疗器械等十大重点领域；⑦深入推进制造业结构调整；⑧积极发展服务型制造和生产性服务业；⑨提高制造业国际化发展水平。

《中国制造2025》文件发布后，工业制造业领域的各大企业纷纷响应号召，积极探索数字化转型，取得了阶段性成果。典型代表是海尔自主研发、自主创新的定制平台——COSMOPlat。它是一个凭借精准抓取用户需求、精准生产，进而实现高精度、高效率大规模定制的工业互联网平台。自海尔COSMOPlat开启社会化服务以来，已经聚合了上亿用户资源，以及300万以上的生态资源，形成了用户与资源、用户与企业、企业与资源的3个"双边市场"，在电子、船舶、纺织、装备、建筑、运输、化工等七大行业均实现推广落地，形成了新工业体系的"中国标准"。

（三）服务业融合发展

根据美国风险投资数据公司CB Insights的报告，数字医疗、在线教育以及金融科技是我国现阶段最受关注的创投领域。但绝大多数应用仍处于发展初期。其中自诊、医学检查类产品仅占8%，医疗信息检索类产品仅占6%。未来数字医疗的发展需要重视信息技术的应用与创新，推动与健康医疗相关的人工智能、生物 3D 打印、医用机器人、可穿戴设备以及相关微型传感器等技术在疾病预防、应急保健以及日常护理方面的应用。在政策上，推进分级诊疗体系建设，促进医疗资源下沉，完善远程会诊等服务。与此同时，建立完善的数字医疗体系和数据保障制度也将是推进数字医疗的工作重点。

我国于 2012 年出台《"中国数字教育 2020"行动计划》，目标是在 2020 年全面完成《教育规划纲要》所提出的教育信息化目标任务，形成与国家教育现代化发展目标相适应的教育信息化体系，基本建成人人可享有优质教育资源的信息化学习环境，基本形成学习型社会的信息化支撑服务体系，基本实现所有地区和各级各类学校宽带网络的全面覆盖，使教育管理信息化水平显著提高，信息技术与教育融合发展的水平显著提升。教育信息化整体上接近国际先进水平，其对教育改革和发展的支撑与引领作用将充分显现。

金融科技是金融机构与科技企业的交叉领域。有别于互联网金融的"将互联网作为金融产品的营销渠道"，金融科技是以包括大数据、云计算、移动互联、区块链、人工智能等在内的新一代信息技术为手段，提升金融行业运作范式，提高其工作效率，帮助金融机构去做以前做不了或者做起来成本很高的事情。

金融科技作为金融行业升级的一项基础设施，其产业链涵盖包括资产获取、资产生成、资金对接，以及场景深入在内的整个金融业务流程。其业务内涵也十分丰富，包括系统构建、电子支付、网络信贷、大金融（各类金融产品的代销服务）以及生活科技等。

毕马威发布的《2016 全球金融科技 100 强》中，共有八家中国企业上榜，其中有五家企业挺进前十。艾瑞咨询（IResearch）认为，这一趋势还将持续五年之久。其原因在于互联网金融的收紧，导致大多数围绕网贷行业的科技企业营收萎缩。同时，金融科技的定位偏向金融业务的后端，增速不会像行业增速那样快，并且金融科技仍需时间发展和转型。

五、数字技术催生共享经济

信息技术的发展为数字经济开辟了无限的创新空间，移动互联网与物联网的发展不仅进一步推动了信息共享，还由此孕育出了共享经济这一全新经济形式。企业与个人通过互联网共享海量碎片化资源，包括土地、房屋、产品、劳力、知识、时间、设备、生产能力等，大幅提升了全社会的资源配置能力，极大地提高了资源利用效率。

共享经济是适合我国国情、发挥我国网民红利的经济形式。共享单车最早出现在 1965 年的阿姆斯特丹，2007 后在欧美国家流行开来。时至今日，纽约等美国城市的共享单车依旧保持着原有风格：拥有固定停车桩，自行车后部安装信用卡刷卡器，使用费用和押金都相对高昂。我国原本就是自行车大国，骑自行车的人数居全球第一。此外，基于二维码的移动互联网支付技术简单便捷，因此共享单车在我国一经出现，便火速普及。目前市场上已投入了几千万辆自行车，注册用户过亿。

共享经济在发展的过程中，除了为大众提供了创新的服务模式，还在促进就业、提升社会资源运转效率上发挥了重要作用。共享经济已成为社会经济发展新动能，随着政策逐步规范，公众认知不断提升，该行业将继续保持快速有序的发展态势。

第三节 我国数字经济发展面临的挑战

一、数字鸿沟

数字鸿沟是指在信息技术发展的过程中，由于数字化进程不一致导致的国与国、地区与地区、产业与产业、社会阶层与社会阶层之间在基础设施、居民数字素养以及数字信息内容公开程度上的差异。

近年来，尽管我国宽带普及率在不断提高，网民数量在逐年增长，但城乡之间以及东西部之间的数字鸿沟仍在加大。数字素养的差异是造成数字鸿沟的原因之一。数字素养是指获取、理解与整合数字信息的能力，具体包括网络搜索、超文本阅读、数字信息的批判与整合能力，可以简单地总结为从数字信息中获取价值的能力。在数字时代，数字素养已经成为各行各业对劳动力的一项基本素质需求，加强数字化教育、提升国民数字素养是我国成为数字强国的重要环节。

此外，数字信息内容公开程度也是造成数字鸿沟的一大原因。数据及信息开放程度不高将直接造成民众和企业在获取及应用信息上的困难，进一步拖缓数字进程，影响数字经济的发展。

二、数据质量

在数据成为核心资源的今天，数据质量直接关系着社会各方对资源的利用效率。ISO 9000 质量管理体系将数据质量定义为"数据的一组固有属性满足消费者要求的程度"。数据的固有属性包括真实性、及时性、相关性，即数据能否真实反映客观世界、数据是否更新及时以及数据是否是消费者关注和需要的。同时，高质量的数据还需要是完整无遗漏、无非法访问风险以及能够被理解和解释的。

影响数据质量的原因有很多，如数据的多源性。当一个数据有多个来源时，很难保证数据值的一致性，以及更新的同步性。其中一个影响数据质量的主要原因是复杂数据的表示方式不统一、标准不明确。随着大数据的发展，每天都会产生大量多维度异构数据，如何对复杂数据进行统一编码，方便数据之间的兼容与融合，还有待进一步发展。

三、信息安全

近年来，信息安全的威胁逐年增长。美国乔木网络（Arbor Networks）的第 11 届年度全球基础设施安全报告显示，2015 年防御服务（DDOS）的攻击强度创下新高，最高一次强度超过 500Gbps。来自网络安全企业（Cybersecurity Ventures）的《2017 Q1 网络安全报告》预计，未来五年，全球网络安全支出将超过 1 万亿美元。到 2021 年，全球企业每年因网络犯罪花费的成本将超过 6 万亿美元。目前，企业的网络安全预算普遍较低，多数公司在遭遇网络入侵事件时，因担心名誉受损、安全预算增加甚至担心激怒网络犯罪分子等原因而选择不公开。此外，个人网络安全消费支出也普遍较低，安全意识淡薄，多数网民往往在遭遇网络攻击后才考虑投入资金。

加强网络安全监管、掌握核心技术、提高民众安全防范意识，是发展数字经济的重要一环。

四、法律法规

目前，相关法律法规滞后是数字经济发展面临的一大挑战。例如，伴随数字经济的发展，全球大量定时定点的工作岗位会逐渐消失，新涌现出大批兼职、自我雇佣等灵活就业岗位，而现有的劳动合同法、社会保险法、社会保险费征缴暂行条例等法律法规不能给灵活就业者提供有效的社会保障。

数字知识产权的保护也需要引起重视。英国《数字经济2010》着重强调了对数字产品，如音乐、媒体、游戏等内容的著作权进行规范与保护。同时，数据产权问题也日益凸显，数据由谁保管、如何处理与应用以及如何进行交易，所有者、拥有者、使用者和管理者之间的责、权、利的划分，也缺少相关法律的明确规定。此外，一些管理制度的落后与僵化，与数字经济去中心化、跨区域、跨行业、灵活多变的特质相冲突，制约了数字经济的发展。阿里巴巴集团副总裁、阿里研究院院长高红冰在2017中国"信息经济＋金融科技"发展大会上提出，"美国是数字经济强国，中国是数字经济应用大国"。他表示："未来五年，全球数字经济发展将呈现三个层次：第一，硅谷仍将引领核心技术创新，以色列会在个别领域紧跟美国；第二，中国、印度将是技术创新大规模应用的市场；第三，新技术和商业模式的应用需要硬件设备的支持，日本、韩国、中国的台湾和华南地区将起到重要作用。"他呼吁，"对于互联网这种新事物，应该更多地包容，而不是限制或者强化监管。面向未来、面向全球，中国要成为"领头羊"，需要更加开放，多方协作，共创互联网更好的明天"。

第四节　数字经济发展的应对措施

综观全球各主要经济体数字经济发展进程，一系列新问题与新挑战接踵而至，我国也不例外。故下面笔者在分析数字经济发展中应该关注的问题的基础上，对如何促进我国数字经济健康发展及向数字化转型提出具体的对策建议。

一、发展数字经济的框架

从技术经济范式的角度看，科技产业革命特别是关键技术创新将深刻影响宏微观经济结构、组织形态、运行模式，进而形成新的经济社会格局。技术经济范式是一定社会发展阶段内的主导技术结构以及由此决定的经济生产的范围、规模和水平，是研究经济长波的基本框架，是技术范式、经济范式乃至社会文化范式的综合。

技术经济范式主要包括三个部分内容：一是以重大的、相互关联的技术构成的主导技术体系，这些构成新的关键投入，表现为新的基础设施和新的生产要素等；二是新技术体系的导入和拓展会对生产制度结构产生影响，引发创新模式、生产模式、就业模式等发生变化；三是新技术体系会对社会制度结构产生影响，引起生活方式与社会治理方式等变革。

当前经济社会正处于从传统的技术经济范式向数字技术创新应用推动的数字技术经济范式转变。数字经济是数字技术驱动下，经济发展与政府治理模式加速重构的新型经济形态。

（一）统筹构建"四个体系"为数字经济发展提供目标指引

"四个体系"具体包括构建数字经济创新体系，即发挥数字化引领创新先导作用，激发创新主体活力，优化创新体制，优化数字经济创新成果保护、转化和分配机制，塑造技术、产业、管理全面创新格局；构建数字经济产业体系，即以新一代信息产业为先导产业，促进数字技术与传统农业、工业和服务业的融合，培育成熟的数字经济产业生态体系；构建数字经济市场体系，即完善数据、资本及数字技术要素市场体系，并大力拓展国际市场，推动数字经济"走出去"，赢得国际优势；构建数字经济治理体系，即多元化治理主体运用数字技术分工协作着力构建政策、法律、监管三位一体的协同治理框架体系。

基于生产要素创新、生产力提升和生产关系变革的视角，数字经济包括数字产业化、产业数字化、数字化治理、数据价值化。

一是数字产业化。数字产业化即信息通信产业，是数字经济发展的先导产业，为数字经济发展提供技术、产品、服务和解决方案等。具体包括电子信息制造业、电信业、软件和信息技术服务业、互联网行业等。数字产业化包括但不仅限于5G、集成电路、软件、人工智能、大数据、云计算、区块链等技术、产品及服务。

二是产业数字化。产业数字化是数字经济发展的主阵地，为数字经济发展提供广阔空间。产业数字化是指传统产业应用数字技术所带来的生产数量增加和效率提升，其新增产出构成数字经济的重要组成部分。数字经济，不是数字的经济，是融合的经济，实体经济是落脚点，高质量发展是总要求。产业数字化包括但不限于工业互联网、两化融合、智能制造、车联网、平台经济等融合型新产业新模式新业态。

三是数字化治理。数字化治理是数字经济创新快速健康发展的保障。

数字化治理是推进国家治理体系和治理能力现代化的重要组成，是运用数字技术，建立健全行政管理的制度体系，创新服务监管方式，实现行政决策、行政执行、行政组织、行政监督等体制更加优化的新型政府治理模式。数字化治理包括治理模式创新，利用数字技术完善治理体系，提升综合治理能力等。数字化治理包括但不限于以多主体参与为典型特征的多元治理，以"数字技术＋治理"为典型特征的技管结合，以及数字化公共服务等。

四是数据价值化。价值化的数据是数字经济发展的关键生产要素，加快推进数据价值化进程是发展数字经济的本质要求。要"加快培育数据要素市场"。数据可存储、可重用，呈现出爆发增长、海量集聚的特征，是实体经济数字化、网络化、智能化发展的基础性战略资源。数据价值化包括但不限于数据采集、数据标准、数据确权、数据标注、数据定价、数据交易、数据流转、数据保护等。

（二）着力部署"八个方面"，为数字经济发展提供基础支撑

"八个方面"具体包括夯实综合数字基础设施、有效利用数据资源、加大技术创新力度、培育壮大新兴产业、改造提升传统产业、扩大升级有效需求、优化公平竞争机制、创新政府治理模式，促进数字经济快速发展。

二、促进我国数字经济健康发展的对策建议

数字经济发展过程中所遇到的问题与风险是数字技术推动经济社会转型，传统理论、旧机制与模式被逐渐替代环节中不可避免的现象，而这些问题与风险也只有在促进数字经济健康发展，其充分释放数字经济红利的过程中才能被充分化解掉。

（一）建设全球领先的数字基础设施，夯实数字经济发展的根基

数字基础设施是发展数字经济、支撑国家数字化转型的重要基础和先决条件。我国在缩小与发达国家之间差距的基础上，要积极建设全球领先的数字基础设施。首先，要加快高速宽带网络建设，在开展大量研发试验的基础上，主导形成5G全球统一标准，力争在全球率先部署5G网络；其次，要顺应各行业各领域数字化转型需求，超前部署云计算数据中心、物联网等基础设施，积极发展卫星通信等空间互联网前沿技术，建设覆盖全球的空间信息系统；最后，要发挥宽带网络等数字基础设施在脱贫攻坚中的作用，通过加快农村及偏远地区数字基础设施建设全覆盖，缩小"数字鸿沟"，让全国人民共享数字经济发展成果。

（二）发展先进的数字技术产业，掌握数字经济发展主动权

数字技术产业是数字经济发展的先导产业，对数字经济的发展具有"火车头"式的带动作用。首先，我国应发挥数字技术产业体系完备、规模庞大，技术创新能力大幅提升的优势，抓住第四次产业革命"换道超车"与跨越发展的机遇，构建具有国际竞争力的数字产业生态体系，抢占数字产业全球价值链高端与主导权，为经济转型升级提供强大动力支持和产业保障；其次，要强化基础研究和前沿布局，通过自主创新，重点突破和国计民生相关的战略技术与数字经济长远发展的"卡脖子"技术，特别是在量子技术、人工智能、未来网络等前沿技术领域实现率先突破，并带动核心芯片、集成电路等薄弱环节实现群体性突破，构建安全可控和世界领先的数字技术体系；最后，发挥我国在大数据、云计算、物联网、人工智能等领域的比较优势与全球领先地位，构建数字共建"一带一路"，以此来深化数字技术的国际合作与布局。

（三）促进数字技术与传统产业的融合应用，充分释放数字经济发展潜力

我国服务业数字化变革已经走在世界前列，特别是新零售正带动我国的消费服务不断升级，而农业与工业的数字化转型升级则相对滞后，并且与服务数字化之间的差距越来越大。基于此，首先，我国政府要通过减税降费等机制体制改革充分释放政策红利，鼓励数字技术与农业、工业领域融合的新业态、新模式不断发展，切实降低企业数字化创新转型的成本负担；其次，面向重点领域加快布局工业互联网平台，鼓励广大企业依托工业互联网平台积极探索平台化、生态化发展模式，改造传统价值链、产业链、服务链与创新链，改善数字技术对传统产业的改造与创新；最后，要完善信息消费市场监管体系与网络安全防护体系，规范数据采集、传输、存储、使用等数字经济有关行为，加大对网络数据和用户信息的保护力度，充分激发民众数字消费潜力。

（四）减少数字技术对就业的结构性冲击，促进数字经济成果全民共享

数字技术对劳动力市场造成的结构性失业冲击，不仅关系到一国"数字鸿沟"与贫富差距问题的解决，而且会影响一国整体的数字经济发展水平。基于此，我们应做到以下几点。首先，政府要与各方合作，开展面向全民的数字素养教育，特别是针对下岗失业、残疾人员等不适合固定场所就业的特定人群，可通过提供相应的数字素养培训和职业技能培训，协助其向数字经济领域转岗就业；其次，要全面强化学校的数字素养与数字技能教育，在各阶段开设网络和计算机基础知识、基本技能、人工智能等课程，使数字素养成为年轻一代的必备素质，在高校开设各种与数字技能有关的

校企共建课程，通过举办各种技能竞赛、创业集训营等方式培养数字技术高端人才；再次，借助数字技术打造各种就业、创业平台，持续降低创新创业的门槛和成本，支持众创、众包、众筹等多种创新创业形式，形成各类主体平等参与、广泛参与的创新创业局面，为社会创造更多兼职就业、灵活就业、弹性就业机会，增强劳动者在数字经济发展中的适应性与创新性，化解数字经济对就业的结构性冲击；最后，推进移动互联网、人工智能、大数据等数字技术在养老、医疗保障等社会保障领域的广泛应用，同时加快建立、完善适应数字经济发展的用工和劳动保障制度，加大对弱势群体的扶持力度，为个人参与数字经济活动保驾护航，促进数字经济发展的成果全民共享。

（五）逐步完善数字经济法治建设，全面提高数字经济安全水平

数据是数字经济时代的核心生产要素，数据涉及的领域众多，层面非常之广，国家应从战略高度重视数据开发利用、开放共享与数据保护，应制定明确的法律与规章制度保障数字经济安全。首先，我国政府应不断完善数字产权、数字税收等与数字经济相关的法律体系，为数字经济发展提供必要的法律制度保障；其次，政府应结合我国数字经济发展实际，借鉴发达国家的先进经验，不断完善个人隐私保护与数字经济安全制度，为数字经济安全发展保驾护航；最后，要做好数据开放共享与数据保护之间的平衡，既要为数字经济创新发展留下适度的空间，也不能影响到数字经济的安全发展。

（六）及时进行组织管理变革，鼓励数字经济创新发展和相关理论研究

任何一个行业或企业的数字化转型都必然需要相应的组织管理变革与之配套。数字经济背景下，生产方式要达到数字化，只有生产组织管理方

式的数字化与之相协调，才能更灵活地满足消费者的需求。首先，政府要简政放权，优化政府部门业务流程和组织结构，努力建设数字政府，并根据数字经济不同阶段的发展特点加大力度制定前瞻性的政策，鼓励企业进行数字技术研发与创新，为其创新发展提供政策与制度上的便利；其次，数字技术日新月异，相应的商业模式、运营模式层出不穷，不同类型的企业要结合自身数字化转型的优势与劣势，做好企业的组织、管理、流程数字化转型，并将数字技术积极应用于管理体系当中，实现更大的突破与创新；最后，对高校与科研院所而言，要及时了解数字化转型过程中组织管理变革的相关知识理念，并在政府引导下，积极开展数字经济基础理论研究，探索数字经济基本理论与规律。同时还应建立适应数字经济发展需要的 GDP 统计与核算体系，为促进数字经济社会创新发展提供理论指导，为解决数字经济发展实践中出现的法律、道德与伦理等方面的问题扫除障碍。

三、促进我国向数字化转型的对策建议

以大数据、物联网、云计算、人工智能等数字技术以及工业互联网平台融合应用为特征的数字经济发展，全面促进了传统行业的数字化转型升级，政府、企业和教育部门都要积极适应这一趋势，促使我国向数字化顺利转型。

（一）促进企业数字化转型

在数字经济时代，作为经济社会主体的企业进行数字化转型，是从逐渐适应数字技术到完全依赖数字技术并逐渐形成数字化战略、数字化管理、数字化生产甚至数字化思维的过程。

1. 制定数字化战略，促进数字化投资

在数字经济时代，数字技术部门、产品事业部门和新的数字业务部门

之间的界限越来越模糊。未来的数字技术部门将会自然地融合数字技术、数字业务和数字化思维，企业组织的领导力、企业文化以及企业采购策略和其他非技术元素也应进行同样的转变，这样才能更好适应数字经济时代的要求。所以，所有的组织都应该在积极评估数字技术及数字化力量对自身和其所在行业影响的基础上，将向数字化转型作为组织的核心战略，并将其融入产品生产、业务运营和企业文化的建设当中，这样才能够相比以前更高速地扩展其业务和实现更大的创新，甚至完全以数字技术和海量数据为生命线，创造出更多新的收入来源，成为真正意义上的数字化企业。

数字化指数体现了企业对数字化技术的理解程度以及将数字化技术应用于企业内部的程度。因此企业需要将数字化战略与 IT 区分开来，以此来确立真正意义上的数字化创新战略，促使数字化投资与数字化能力的进一步提升。

2. 选择合适的数字化技术路线，探索新兴数字技术

选择合适的数字化技术路线，是促进企业数字化创新的最主要驱动力量。整体来看，企业可选择的数字化技术路线包括基于开源和完全自研两种。组织应在充分评估两种路线的优劣势的基础上，结合自身实力和特点选择合适的数字化技术路线，进而有效利用数字技术，实现企业技术和业务能力的从无到有、从弱到强。这一过程中的关键技术包括物联网、云计算、大数据、人工智能以及安全云保障等。其中，物联网作为万物互联实现的终端，主要实现数据的采集与收发功能；云计算作为最主要的数字技术，不仅可提供基本的硬件基础设施，也可提供先进的流程管理和软件服务以及相关方法进行指导，助力协同研发、产品互助设计、智能生产和智慧物流服务等方面的效率提升；通过大数据、人工智能技术可进行直接或间接的数据分析进而辅助科学决策，实现数字化创新价值的最大化。在数字技

术助力企业价值链各环节价值创造最大化的同时，价值链上各环节安全操作的复杂性、综合性及数字化程度也在不断提升，只有采用专业的安全云保障服务技术，才能为企业在实现数字化转型、发展数字业务过程中提供经济可靠的安全保障。此外，建立专项创新实验室是推动数字化进程中不可缺少的一个环节，通过建设专项创新实验室，研究新兴科技可以推动企业的数字化进程，也可在推动企业数字化创新步伐不断加大的同时，提高数字化科技的投资成效。因此企业在数字化过程中可通过加大建立专项创新实验室的投入，探索新兴数字技术。

3. 借助数字平台生态系统的力量，促进企业数字化转型

在数字经济发展过程中，数字平台生态系统与核心知识产权同等重要。与其他国家相比，我国数字经济发展过程中的生态特征较为明显，BAT 等数字平台企业占有绝对优势的市场份额，其数字化平台上的海量用户、资金、人才以及其他要素等方面的优势为整个数字经济生态系统注入了活力。依托数字平台生存的企业数据只有通过数字平台生态系统自由合理流动，才能实现企业内外部的行动相通、数据联通与价值互通，所以在企业的数字化转型过程中，数字化平台生态系统的重要性日益凸显。在数字平台的力量推动下，不同企业均应依托数字平台生态系统中的资金、数据、人才、数字化运营及管理经验等相关资源促进企业数字化转型，实现自身企业平台向数字化平台生态系统转变。大中型企业组织可以通过自建或与合作伙伴共建的方式建立数字化混合云平台，中小型企业组织可以使用公有云平台，也可以通过购买服务的方式进行私有化云平台部署。此外，不同企业均应充分借助平台生态系统中完备的要素资源、丰富的运营管理经验、合适的文化机制建设和开放的内外连接能力，积极探索新的商业模式，实现更大幅度的业务创新，这样才有助于进一步构建更符合自身行业需求的成熟生态系统，进而为依托其运营的更多行业伙伴提供恒久的动力。总之，对企业来说，建设或加入生态系统并在其中充分汲取养分，实现数字经济背景下的数字平台自我组织管理、自我激励与成长成为企业在数字化转型过程以及长期发展过程中的必然选择。

4. 内部培训与外部引进相结合，打造数字化人才团队

企业在数字化转型过程中，不仅需要对已有员工提供从事数字经济相关工作的职业技能培训，通过数字化人才培养提升企业数字化创新能力，也可以通过联手培养、在线教育等方式加强人才培养机制建设，从而弥补企业在数字化转型过程中的人才短板，并获取更大的数字化创新能力。另外，企业还可以直接聘请更多的外部数字化人才，以推动企业沿着数字化技术进程快速前进。

5. 促进产品数字化营销，帮助企业发现新的市场空间和商业机会

企业在数字化转型过程中要积极运用大数据、云计算、物联网、人工智能等数字技术，不仅运用在研发、生产过程中，也要运用在营销及售后服务环节中。一是企业可借助数字技术进行精准的消费者大数据分析，进而聚集大量的长期需求，或积极开拓更大的新用户市场；二是企业可借助数字技术通过精准的营销可触达更多元、更细分的用户群体，从而可有针对性地针对用户特征进行产品开发和创新，进而更好满足其多样化需求；三是企业可借助数字技术促进线上线下融合，打破时间和地理空间限制，促进地区间、城乡间线上与线下市场的一体化发展，通过精准数字化营销为企业获得更多的收入，进而反哺实验室投资、研发设计、技术创新，补齐人才短板，推进企业整个数字平台生态系统的数字化建设进程。

6. 制定科学评价机制，准确衡量数字化投资回报

尽管大部分的企业高管都希望能通过对数字化技术的投资，促进企业

营业额的提升与企业长足的发展，然而仍有少数企业不重视持续衡量数字化投资的产出回报水平。其实，随着数字化思维不断融入企业战略的核心，不同企业未来均需要在建立科学评价数字技术投资产出机制的基础上，正确衡量数字化技术投资与数字化创新产出，只有这样，方能更好发现数字技术投资过程中的不足与优势，进而更好指导与激励企业沿着数字化转型进程的快速前进。

（二）促进政府数字化转型

大数据、云计算、物联网、人工智能等数字技术不仅影响着人类的日常工作、生产与生活方式，也对政府提供公共服务方面有着较为深刻的影响。数字技术不但可以对政府政务服务进行电子化改造，将政务服务由线下搬到线上，提高了政务服务的提供效率，而且可以对政府提供政务服务内容、政务服务提供方式、民众参与度、政府透明度等方面进行全面改造与创新，加快了政务服务的全面数字化转型。

1. 政府数字化转型的路径

虽然全球不同地区政府数字化转型的路径存在诸多差异，但根据政府数字化程度的演进趋势，政府的数字化转型一般要经历电子政府、"一站式"政府和数字政府三个阶段。其中，电子政府，主要是指政府部门的 IT 化改造，侧重政府部门对现有业务流程的数字化改进，只是在一定程度上提高公共服务的效率；"一站式"政府，主要是指政府可以为民众提供跨部门无缝衔接的"一站式"服务，处于电子政府与数字政府二者之间，既是对各级政府内部各部门政务服务业务流程的总体优化，也在一定程度上促进了公共服务提供模式的创新；数字政府，是指可以为广大民众提供移动公共服务的公共政务平台，更侧重公共服务提供模式的创新和设计，推动传统公共服务发生颠覆式变革。所以，政府的数字化转型，可以先通过政府部门 IT 化改造建设电子政府，关注数字技术对政府服务提供工作效率的提升，然后再通过协调各级各部门提供"一站式"政府服务，通过利用数字技术促进公共服务提供方式与管理模式创新，打造数字政府。

2. 政府数字化转型的方法

政府数字化转型是一个长期的、持续的、循序渐进的过程。促进政府向数字化转型，建设数字政府，首先，政府不但要从全局的角度，加强顶层设计，制订战略计划，指导数字化建设，而且要根据数字技术发展具体实践需求及时发布促进数字政府建设相关的政策建议，以稳步推动政府数字化建设进程的逐步深化；其次，要设立专门协调政府数字化建设的研究机构或相关部长职务，落实和政府数字化转型相关的战略与政策，化解政府数字化建设中各部门之间的利益冲突问题，解决政府数字化建设中存在的其他种种问题，协调推动跨区域、跨部门的数字化建设工作；再次，要彻底打破部门割据与"信息孤岛"局面，借助数字技术整合全国各地各级政府部门的公共服务，实现各级各地区各部门间的信息自由流动和资源交换共享，推出"一站式"公共服务平台，促进公共服务一体化发展；最后，鼓励全国各级政府做好数字政府建设工作，制定数字政府建设相关绩效考评体系，以此来进一步指引政府提升数字治理能力。

（三）促进学校教育数字化转型与全民数字素养的提升

在数字经济时代，随着数字技术突飞猛进的发展，提升国民的数字素养，培养更多具备数据获取、分析、加工、整理、存储等数字素养的数字技能人才，不仅可从供给侧为经济发展提供更多的劳动力，也可从需求侧促进数字产品与服务消费的发展，为经济发展提供消费者基础，特别是一些高精尖数字技术人才的培养更成为数字经济时代国际竞争力提升的关键。不论是全民数字素养的提升还是高精尖数字人才的培养，都依赖未来学校教育的数字化转型。

1. 全民数字素养有待提高

随着数字技术日新月异的发展，数字经济背景下的消费者逐渐成为参与生产的产消者，民众数字素养的内涵也从原来被动地获取和处理数字内容阶段逐步拓展到更多主动地创造和给予阶段，数字素养的内涵与外延在实践中不断丰富、不断完善，更加适应新的数字时代特征。现在的数字素养可以被看作在新的数字技术环境下，人们在获取、整合资源到理解、评价、相互交流的整个过程中通过使用数字技术，更便捷地获取数字资源，提升参与社会活动的有效性，从而达到参与社会发展进程的能力。数字素养既包括对数字资源的搜索、获取与接收能力，也包括对数字资源的创造、供给与分享能力，从普通民众的角度看，数字素养成为与听、说、读、写同等重要的基本人权与基本生存能力。从劳动力供给的角度看，在传统的农业经济和工业经济时代，有的岗位虽然对劳动者的文化素养有一定要求，但往往只局限于某些职业的一些专业技术岗位，大多职业只要具备专业分工所需的基本技能就可以胜任，而对消费者的文化素养基本没有要求。在数字经济时代，劳动者需要同时具备基本的数字技能和专业技能，数字素养成为消费者应具备的重要能力。

在数字经济背景下，数字素养成为对劳动者和消费者的新要求。到2025年，生产的概念与方式将发生重大变化，工业制造业体系将由大量机器代替劳动力，人工智能在未来的制造中将发挥出更大的作用，全球大量只具有基本专业技能而数字素养不足的工人将失去工作机会，而数字经济背景下新产生的大量工作岗位大多都要求具备一定的数字技能，特别是那些被数据分析、数据控制与数据标准制定的技能重新定义的高技能工作岗位更是如此。随着数字技术向传统行业各领域的蔓延、渗透与融合，数字经济背景下的劳动者越来越需要具有数字素养和专业技能的"双重"技能，甚至是否具有较高的数字素养成为劳动者在就业市场能否胜出的关键因素。对消费者而言，数字素养成为与听、说、读、写同等重要的基本要求，只有具备较高的数字素养，才有可能正确、高效地使用数字产品与服务，促进自己的效用最大化。可见，数字素养的提升不仅有利于促进数字消费增长与消费者效用的提升，也有利于提升数字生产能力，促进更多数字产品与数字服务的供给，促进数字经济的进一步发展。虽然目前社会上已经有不同的企业与机构通过多种形式、从多个层面上开展了大量提升民众数字素养与数字技能的相关活动，但仍缺少一个有效协调并促进民众数字素养提升的教育战略体系或全国性的教育联盟，这也有待于全国各级教育机构的教育模式与教育方法的数字化转型。

2. 多种教育方式结合提升数字素养

提升数字素养，无论是对国家还是对个人，都具有一定的重要意义。越来越多的国家意识到，要跟上加速发展的数字技术变革脚步，就必须把数字素养纳入国民教育课程体系之中，越来越多的学校也将数字素养的培育作为其重要的教学目标，希望通过对学生数字素养的培养，学生的学术素养、创造性都得到明显提高。同时，培养数字素养本身就是教育学生适应当前数字经济时代的一个重要内容。另外，数字素养在教育领域的作用还体现在教育体系本身要求教师具有足够好的数字素养，如此方能教给学生获取资源的方法并传递给学生更多数字资源，加快学生数字技能的提升。

随着数字技术的不断发展，教育方式也在不断发展与变革。首先，近年来兴起的慕课在全球各大高校得以推广，依托互联网和公共数字教育平台等基础设施，任何人既可通过接入网络的智能终端设备甚至不需要注册登录就可以直接学习相关课程，也可以不受任何地域、背景、时间和环境差异的限制直接参与多样化、沉浸式的在线学习，使优秀卓越的教育资源让广大普通民众共享。其次，人工智能等数字技术广泛应用到教育实践领域，通过对教育教学相关数据采集、数据处理、数据建模和人机界面交互等多方面提高接受教育的个性化程度和互动化水平，学习者更容易接受从大规模慕课上智能化推荐的课程设置。在整个学习过程中，学习者既可以通过文字、语音、图像、视频甚至体感的数据传输实现互动学习，也可自行实时跟踪学习进度、状态与学习效果，并利用3D建模、3D打印等数字技术进行学习实践与互动体验。同时教学者可以在人工智能等数字技术的辅助下，完善教学方式，通过学生学习适时数字化反馈和学习效果的大数据分析，对教学内容、教学方式、教学进度进行合理调整，并依靠数字技术对学生面部表情、体感数据、心理指标等多形式的数据传输评测学生的学习状态和学习效果。最后，除了学校教育，作为知识与信息枢纽的社会图书馆等社会组织还承担着数字教育的责任，它们可以通过不断完善数字学习环境，吸引更多的社会民众进入社会图书馆或通过图书馆App等在线学习，发挥民众数字素养及数字技能提升的辅助职能。

总之，经济社会数字化转型是一个巨大的复杂的工程，只有政府、企业、学校、社会组织和民众各方共同努力、相互协作才能实现。在这一过程中，政府要为数字化转型提供良好的政策与制度环境；学校要发挥好培养民众数字素养与数字技能的基础性作用；行业协会要推动行业层面的数字化解决方案与相关标准的制定；社会组织要承担教育、培训与提升民众多项数字技能的补充职能；企业要积极向数字化方向转型，以此来发挥数字化转型的主体作用，吸引更多拥有数字技能者就业；个人要通过多种渠道、多种方式努力提高自身数字素养与技能，提高自身数字经济活动的参与能力和数字经济背景下的创业与就业实力。

第五章　数字经济发展的战略决策

第一节　基础建设战略决策

要推动数字经济发展，首先就要解决的问题是如何从国家和政府层面制定积极的战略决策保障数字经济加快发展。

一、加快企业和市场的数字化基础建设

因为信息化是数字经济发展的基础，大数据是数字经济发展的新平台、新手段和新途径，所以深入推进国家信息化战略和国家大数据战略，是加快数字经济时代企业和市场数字化基础建设的前提，是从国家和政府层面解决数字经济发展"最先一公里"的问题。

（一）深入推进国家信息化战略

当今世界，信息技术创新日新月异，以数字化、网络化、智能化为特征的信息化浪潮蓬勃兴起。全球信息化进入全面渗透、跨界融合、加速创新、引领发展的新阶段。在信息化上占据制高点，便能掌握先机、赢得优势、赢得安全、赢得未来。

1. 信息化与数字经济的关系

"数字经济之父"、加拿大经济学家唐·塔普斯科特（Don Tapscott）在二十世纪九十年代中期出版了一本名为《数字经济》的著作，自此"数字经济"的概念进入理论界和学术界的研究视野。随后曼纽尔·卡斯特的《信息时代：经济、社会与文化》、尼葛洛庞帝的《数字化生存》等著作相继出版，"数字经济"提法在全世界流行开来。此后，西方许多国家开始关注和推进数字经济发展，特别是美国以发展数字经济为口号大力推动信息产业发展。

2004年以后，云计算、物联网等信息技术的出现，又将数字经济推向了新高峰。2008年国际金融危机波及全球经济，并重创传统金融行业。但苹果、脸谱、谷歌、微软、亚马逊等公司基本上毫发无损，国内阿里巴巴、百度、腾讯等数字企业所受影响也不大。大数据、人工智能、虚拟现实、区块链等技术的兴起为人们带来了希望，世界各国不约而同地将这些新的信息技术作为未来发展的战略重点。从发展历程来看，数字经济可以泛指以网络信息技术为重要内容的经济活动。因此，从某种意义上讲，数字经济可以通俗地理解为网络经济或信息经济。

现代信息技术日益广泛的应用，推动了数字经济浪潮汹涌而至，成为带动传统经济转型升级的重要途径和驱动力量。根据数字经济的内涵和定义分析，信息化为数字经济发展提供必需的生产要素、平台载体和技术手段等重要条件。换言之，信息化是数字经济发展的基础。具体表现为信息化对企业具有极大的战略意义和价值，能使企业在竞争中胜出，同时企业信息化的积极性最高，因此在信息化中企业占据主导地位。例如，近几年出现的云计算、人工智能、虚拟现实等信息化建设，均以企业为主体。数字经济的特点之一就是使信息成为普遍的商品，主要任务是跨过从信息资源到信息应用的"鸿沟"。信息化是个人成长、需求发布和沟通的重要通道，是社会公平和教育普惠的基础，使个人拥有了极大的发展空间。这是因为按需生产是数字经济的一个重要特征，而要做到按照需求合理地供给，必须依靠信息。信息化是提升政府工作效率的有效手段，是连接社会的纽带。政府是信息化的使用者，同时由于信息化的复杂性，政府需要对信息化加强引导和监管。

2. 加快推进国家信息化战略

2017 年，十二届全国人大五次会议首次将"数字经济"写入政府工作报告，并强调促进数字经济加快成长，让企业广泛受益、群众普遍受惠。衡量数字经济发展水平的主要标志是人均信息消费水平。我国尚处于信息社会的初级阶段，年人均信息消费（包括信息技术消费和通信技术消费）只有 300 美元左右，不到美国的 1/10。在未来一段时期内，我国要想加快数字经济发展，培育经济新增长点，就必须加快推进国家信息化战略，要按照《国家信息化发展战略纲要》要求，围绕"五位一体"总体布局和"四个全面"战略布局，牢固树立创新、协调、绿色、开放、共享的新发展理念，贯彻以人民为中心的发展思想，以信息化驱动现代化为主线，以建设网络强国为目标，着力增强国家信息化发展能力，着力提高信息化应用水平，着力优化信息化发展环境，让信息化造福社会、造福人民，为实现中华民族伟大复兴的中国梦奠定坚实基础。按照《国家信息化发展战略纲要》要求，制定好国家信息化战略的时间表和路线图。

3. 先行先试：加快国家信息经济示范区建设

2016 年 11 月，中共中央网络安全和信息化委员会办公室、国家发展和改革委员会共同批复同意浙江省设立国家信息经济示范区。浙江省国家信息经济示范区建设着力加强深化供给侧结构性改革，落实 G20 杭州峰会数字经济发展与合作倡议成果，着力探索适合信息经济创新发展的新体制、新机制和新模式，以信息化培育新动能，用新动能推动新发展。着力打造各具特色的试点城市；以世界互联网大会永久会址为载体，创建乌镇互联网创新发展试验区，努力推动浙江在"互联网＋"、大数据产业发展、新型智慧城市、跨境电子商务、分享经济、基础设施智能化转型、信息化与工业化深度融合、促进新型企业家成长等方面走在全国前列，创造可复制、可推广的经验。浙江省主要在三个方面开展示范：一是打造经济发展新引擎，在制造业与互联网的深度融合、社会发展的深度应用、政府服务与管理的深度应用上开展示范；二是培育创新驱动发展新动能，突破信息经济核心关键技术，推进科技成果转化与应用，大力实施开放式创新；三是推进体制机制创新，重点在信息基础设施共建共享、互联网的区域开放应用和管控体系、公共数据资源开放共享、推动"互联网，新业态发展、政府管理与服务等方面进行探索创新，以此持续释放信息经济发展红利。

（二）加快推进国家大数据战略

云计算、大数据、移动互联网、物联网和人工智能的出现，推动了第二次信息革命——数据革命，此时期，大数据的迅速发展起到了更为关键的作用。

信息技术与经济社会的交会融合引发了数据迅猛增长，数据已成为国家基础性战略资源，大数据正日益对全球生产、流通、分配、消费活动以及经济运行机制、社会生活方式和国家治理能力产生重要影响。尽管我国在大数据发展和应用方面已具备一定基础，拥有市场优势和发展潜力，但也存在政府数据开放共享不足、产业基础薄弱、缺乏顶层设计和统筹规划、法律法规建设滞后、创新应用领域不广等亟待解决的问题。

1. 大数据发展形势及重要意义

目前，我国互联网、移动互联网用户规模居全球第一，拥有丰富的数据资源和应用市场优势，大数据部分关键技术研发取得突破，涌现出一批互联网创新企业和创新应用，一些地方政府已启动大数据相关工作。坚持创新驱动发展，加快大数据部署，深化大数据应用，已成为稳增长、促改革、调结构、惠民生和推动政府治理能力现代化的内在需要和必然选择。

（1）大数据成为推动经济转型发展的新动力。以数据流引领技术流、物质流、资金流、人才流，将深刻影响社会分工协作的组织模式，促进生产组织方式的集约和创新。大数据推动社会生产要素的网络化共享、集约化整合、协作化开发和高效化利用，改变了传统的生产方式和经济运行机制。大数据持续激发商业模式创新，不断催生新业态，已成为互联网等新兴领域促进业务创新增值、提升企业核心价值的重要驱动力。大数据产业正在成为新的经济增长点，将对未来信息产业格局产生重要影响。

（2）大数据成为重塑国家竞争优势的新机遇。在全球信息化快速发展的大背景下，大数据已成为国家重要的基础性战略资源，正引领新一轮科技创新。充分利用我国的数据规模优势，实现数据规模、质量和应用水平同步提升，发掘和释放数据资源的潜在价值，有利于更好地发挥数据资源的战略作用，增强网络空间数据主权保护能力，维护国家安全，有效提升国家竞争力。

（3）大数据成为提升政府治理能力的新途径。大数据应用能够揭示传统技术方式难以展现的关联关系，推动政府数据开放共享，促进社会事业数据融合和资源整合，将极大地提升政府整体数据分析能力，为有效处理复杂社会问题提供新的方案。建立"用数据说话、用数据决策、用数据管理、用数据创新"的管理机制，实现基于数据的科学决策，将推动政府管理理念和社会治理模式进步，加快建设与社会主义市场经济体制和中国特色社会主义发展相适应的法治政府、创新政府、廉洁政府和服务型政府，逐步实现政府治理能力现代化。

2. 大数据与信息化、数字经济关系

信息技术与经济社会的交会融合引发了数据迅猛增长，大数据应运而生。同时，大数据的迅速发展又掀起了新的信息化浪潮，为信息产业和数字经济发展提供了新机遇、新挑战。

（1）大数据与信息化。与以往数据比较，大数据更多表现为容量大、类型多、存取速度快、应用价值高等特征，是数据集合。海量数据的采集、存储、分析和运用必须以信息化为基础，只有充分利用现代信息通信技术才能实现。大数据与信息化的关系表现在以下几个方面：

一是大数据推动了信息化新发展。大数据作为新的产业，不但具备了第一产业的资源性，还具备了第二产业的加工性和第三产业的服务性，因此它是一个新兴的战略性产业，其开发利用的潜在价值巨大。实际上，我们对大数据开发利用的过程，就是推进信息化发展的过程。因为大数据加速了信息化与传统产业、行业的融合发展，掀起了新的信息化浪潮和信息技术革命，推动了传统产业、行业转型升级发展。因此，从这个层面讲，大数据推动信息化与传统产业、行业的融合发展的过程，也就是"互联网＋"深入发展的过程。"互联网＋"是一种新型经济形态，利用膨胀增长的信息资源推动互联网与传统行业相融合，促进各行业的全面发展。"互联网＋"的核心不在于"互联网"而在于关键是融合，即传统行业与互联网之间建立起有效的连接，打破信息的不对称，结合各自的优势，迸发出新的业态和创新点，从而实现真正的融合发展。大数在"互联网＋"的发展中扮演着重要的角色，大数据服务、大数据营销、大数据金融等，都将共同推进"互联网＋"的进程，促进互联网与各行各业的融合发展。未来的"互联网模式是去中心化，最大限度连接各个传统行业中最具实力的合作伙伴，使之相互融合，只有这样，整个生态圈的力量才是最强大的。

二是大数据是信息化的表现形式，或者是信息化的实现途径和媒介。在数字经济时代，信息技术同样是经济发展的核心要素，只是信息更多由数据体现，并且这种数据容量越来越大、类型越来越复杂、变化速度越来越快。所以，需要对数据进行采集、存储、加工、分析，形成数据集合——大数据。因此，大数据既是信息化新的表现形式，又是新的信息化实现的途径和媒介。

（2）大数据与数字经济。大数据与数字经济都以信息化为基础，并且均与互联网相互联系，所以要准确理解大数据与数字经济的关系，必须以互联网（更准确讲是"互联网＋"）为联系纽带进行分析。腾讯董事会主席兼首席执行官马化腾在其领衔撰写的新书《数字经济：中国创新增长新动能》中指出，互联网是新兴技术和先进生产力的代表，"互联网＋"强调的是连接，是互联网对其他行业提升激活、创新赋能的价值迸发，而数字经济呈现的则是全面连接之后的产出和效益，即"互联网＋"是手段，数字经济是结果。数字经济概念与"互联网＋"战略的主题思想一脉相承。数字经济发展的过程是"互联网＋"行动落地的过程，是新旧经济发展动能转换的过程，也是传统行业企业将云计算、大数据、人工智能等新技术应用到产品和服务上，融合创新、包容发展的过程。由此看来，大数据是传统行业与互联网融合的一种有效的手段。同时大数据也是数字经济结果实现的新平台、新手段和新途径，推进了"互联网＋"行动落地的过程，推进了新旧经济发展动能转换的过程。数字经济时代，经济发展必然以数据为核心要素。大数据加快了互联网与传统产业深度融合，加快了传统产业数字化、智能化，为做大做强数字经济提供了必要条件和手段。

3. 加快推进国家大数据战略

国务院于2015年9月发布了《促进大数据发展行动纲要》（以下简称《纲要》）。《纲要》提出用5~10年时间，实现打造精准治理、多方协作的社会治理新模式，建立运行平稳、安全高效的经济运行新机制，构建以人为本、惠及全民的民生服务新体系，开启"大众创业、万众创新"的创新驱动新格局，培育高端智能、新兴繁荣的产业发展新生态等五大发展目标。《纲要》提出要重点完成加快政府数据开放共享，推动资源整合，提升治理能力；推动产业创新发展，培育新兴业态；助力经济转型；强化安全保障，提高管理水平，促进健康发展三个方面的任务要求。《纲要》就上述目标任务提出了加快建设政府数据资源共享开放工程、国家大数据资源统筹发展工程、政府治理大数据工程、公共服务大数据工程、工业和新兴产业大数据工程、现代农业大数据工程、万众创新大数据工程、大数据关键技术及产品研发与产业化工程、大数据产业支撑能力提升工程和网络和大数据安全保障工程等十大系统工程。

此外，政府还需要从法规制度、市场机制、标准规范、财政金融、人才培养和国际合作等方面，为大数据推动数字经济发展提供政策保障。

4. 加快国家大数据综合试验区建设

为贯彻落实国务院《促进大数据发展行动纲要》，2015年9月，贵州省启动全国首个大数据综合试验区建设工作。2016年2月，国家发展改革委、工信部、中央网信办三部门批复同意贵州省建设全国首个国家级大数据综合试验区。2016年10月，国家发展改革委、工业和信息化部、中央网信办发函批复，同意在京津冀等七个区域推进国家大数据综合试验区建设，这是继贵州之后第二批获批建设的国家级大数据综合试验区。此次批复的国家大数据综合试验区包括两个跨区域类综合试验区（京津冀、珠江三角洲），四个区域示范类综合试验区（上海市、河南省、重庆市、沈阳市），一个大数据基础设施统筹发展类综合试验区（内蒙古自治区）。其中，跨区域类综合试验区定位是，围绕落实国家区域发展战略，更加注重数据要素流通，以数据流引领技术流、物质流、资金流、人才流，支撑跨区域公共服务、社会治理、和产业转移，促进区域一体化发展；区域示范类综合试验区定位是，积极引领东部、中部、西部、东北等"四大板块"发展，更加注重数据资源统筹，加强大数据产业集聚，发挥辐射带动作用，促进区域协同发展，实现经济提质增效；基础设施统筹发展类综合试验区定位是，在充分发挥区域能源、气候、地质等条件基础上，加大资源整合力度，强化绿色集约发展，加强与东、中部产业、人才、应用优势地区合作，实现跨越发展。第二批国家大数据综合试验区的建设，是贯彻落实国务院《促进大数据发展行动纲要》的重要举措，将在大数据制度创新、公共数据开放共享、大数据创新应用、大数据产业聚集、大数据要素流通、数据中心整合利用、大数据国际交流合作等方面进行试验探索，推动我国大数据创新发展。

二、进一步优化数字经济发展的市场环境

国家信息化战略和大数据战略的深入实施，大大提高了企业和市场的数字化基础建设的水平，分别为数字经济发展提供了重要基础和新平台。另外，数字经济的发展还需要具备良好的市场环境。

（一）加强企业数字化建设

中国互联网络信息中心（CNNIC）发布的第 45 次《中国互联网络发展

状况统计报告》显示，截至 2020 年 3 月，我国网民规模为 9.04 亿，互联网普及率达 64.5%，庞大的网民构成了我国蓬勃发展的消费市场，也为数字经济发展打下了坚实的用户基础。

该报告主要呈现出三个特点：第一，基础设施建设持续完善，"新基建"助力产业结构升级。2019 年，我国已建成全球最大规模光纤和移动通信网络，行政村通光纤和 4G 比例均超过 98%，固定互联网宽带用户接入超过 4.5 亿户。同时，围绕高技术产业、科研创新、智慧城市等相关的新型基础设施建设不断加快，进一步加速新技术的产业应用，并催生新的产业形态，扩大新供给，推动形成新的经济模式，将有力推动区域经济发展质量提升和产业结构优化升级。第二，数字经济蓬勃发展，成为经济发展的新增长点。网络购物持续助力消费市场蓬勃发展。截至 2020 年 3 月，我国网络购物用户规模达 7.10 亿，2019 年交易规模达 10.63 万亿元，同比增长 16.5%。数字贸易不断开辟外贸发展的新空间。2019 年，通过海关跨境电子商务管理平台零售进出口商品总额达 18621 亿元，增长了 38.3%。数字企业加速赋能产业发展，通过商业模式创新、加快数字技术应用不断提升供应链数字化水平，为产业转型升级提供了重要支撑。第三，互联网应用提升群众获得感，网络扶贫助力脱贫攻坚。互联网应用与群众生活结合日趋紧密，微信、短视频、直播等应用降低了互联网使用门槛，不断丰富群众的文化娱乐生活；在线政务应用以民为本，着力解决群众日常办事的堵点、痛点和难点；网络购物、网络公益等互联网服务在实现农民增收、带动广大农民参与脱贫攻坚行动中发挥了日趋重要的作用。

我国企业数字化建设仍然处于基础设施建设阶段，深层次应用与创新水平有待进一步提高。在占我国工商企业总数 99% 的中小企业中，虽然有高达 80% 的中小企业具有接入互联网的能力，但用于业务应用的只占

44.2%，相当多的企业仅仅建立了门户网站，真正实现数字化服务、生产与管理全方位协同发展的企业少之又少。

当前，数字经济已成为经济增长的新动能，新业态、新模式层出不穷。在此次新冠疫情中，数字经济在保障消费和就业、推动复工复产等方面发挥了重要作用，展现出了强大的增长潜力。

因此，加强企业数字化建设，是企业发展数字经济、抢占新经济"蓝海"当务之急。鼓励企业加大数字化建设投入，积极开展数字经济立法，不断优化市场环境和规范市场竞争，是加快我国企业和市场数字化创新步伐的必然要求。

（二）优化互联网市场环境

目前，市场数字化呈现快速发展趋势，但市场环境仍然不成熟。根据互联网实验室 2011 年发布的《中国互联网行业垄断状况调查及对策研究报告》，我国互联网行业已经由自由竞争步入寡头竞争时代。但是，由于互联网市场监管法规不完善，处于支配地位的寡头经营者很容易利用技术壁垒和用户规模形成垄断，从而损害消费者的权益和抑制互联网行业技术创新，并由此导致网络不正当竞争行为层出不穷。2010 年以来，互联网领域相继爆发"3Q 大战"、蒙牛与伊利"诽谤门"等网络恶性竞争事件，对网络产业的生态环境产生了巨大负面影响。由于网络环境的虚拟性、开放性，网络恶性竞争行为更加隐蔽、成本更低、危害更大，不仅会损害个别企业的利益，还会影响到公平、诚信的竞争秩序，对数字化市场的发展环境构成严重威胁。因此，优化互联网市场环境势在必行。

综上所述，我国数字经济已经扬帆起航，正在引领经济增长从低起点高速追赶走向高水平稳健超越、供给结构从中低端增量扩能走向中高端供给优化、动力引擎从密集的要素投入走向持续的创新驱动、技术产业从模仿式跟跑、并跑走向自主型并跑、领跑全面转型，为最终实现经济发展方式的根本性转变提供了强大的引擎。

第二节　融合发展战略决策

当前，数字经济正在引领传统产业转型升级，正在改变全球产业结构，正在改变企业生产方式。那么，数字经济时代如何调整产业结构，提高信息化程度，紧紧跟随数字经济发展潮流和趋势，成为政府必须面对的新时代课题。

一、大数据驱动产业创新发展

新形势下发展数字经济需要推动大数据与云计算、物联网、移动互联网等新一代信息技术融合发展，探索大数据与传统产业协同发展的新业态、新模式，促进传统产业转型升级和新兴产业发展，培育新的经济增长点。

（一）驱动工业转型升级

大力推动大数据在工业研发设计、生产制造、经营管理、市场营销、售后服务等产品全生命周期、产业链全流程各环节的应用，分析感知用户需求，提升产品附加价值，打造智能工厂。建立面向不同行业、不同环节的工业大数据资源聚合和分析应用平台。抓住互联网跨界融合机遇，促进大数据、物联网、云计算和三维（3D）打印技术、个性化定制等在制造业全产业链中的集成运用，推动制造业模式变革和工业转型升级。

（二）催生新兴产业

大力培育互联网金融、数据服务、数据探矿、数据化学、数据材料等新业态，提升相关产业大数据资源的采集获取和分析利用能力，充分发掘数据资源支撑创新的潜力，带动技术研发体系创新、管理方式变革、商业模式创新和产业价值链体系重构，推动跨领域、跨行业的数据融合和协同创新，促进战略性新兴产业发展、服务业创新发展和信息消费扩大，探索形成协同发展的新业态、新模式，培育新的经济增长点。

（三）驱动农业农村发展

构建面向农业农村的综合信息服务体系，为农民生产生活提供综合、高效、便捷的信息服务，缩小城乡"数字鸿沟"，促进城乡发展一体化。加强农业农村经济大数据建设，完善村、县相关数据采集、传输、共享基础设施，建立农业、农村数据采集、运算、应用、服务体系，强化农村生态环境治理，增强乡村社会治理能力。统筹国内、国际农业数据资源，强化农业资源要素数据的集聚利用，提升预测预警能力。整合构建国家涉农大数据中心，推进各地区、各行业、各领域涉农数据资源的共享开放，加强数据资源的发掘运用。加快农业大数据关键技术研发，加大示范力度，提升生产智能化、经营网络化、管理高效化、服务便捷化能力和水平。

（四）推进基础研究和核心技术攻关

围绕数据科学理论体系、大数据计算系统与分析理论、大数据驱动的颠覆性应用模型探索等重大基础研究进行前瞻布局，开展数据科学研究，引导和鼓励在大数据理论、方法及关键应用技术等方面展开探索。采取政、产、学、研、用相结合的协同创新模式和基于开源社区的开放创新模式，加强海量数据存储、数据清洗、数据分析发掘、数据可视化、信息安全与隐私保护等领域关键技术攻关，形成安全可靠的大数据技术体系。支持自然语言理解、机器学习、深度学习等人工智能技术创新，提升数据分析处理能力、知识发现能力和辅助决策能力。

（五）形成大数据产品体系和产业链

围绕数据采集、整理、分析、发掘、展现、应用等环节，支持大型通用海量数据存储与管理软件、大数据分析发掘软件、数据可视化软件等软件产品和海量数据存储设备、大数据一体机等硬件产品发展，带动芯片、操作系统等信息技术核心基础产品发展，打造较为健全的大数据产品体系。大力发展与重点行业领域业务流程及数据应用需求深度融合的大数据解决方案。

支持企业开展基于大数据的第三方数据分析发掘服务、技术外包服务和知识流程外包服务。鼓励企业根据数据资源基础和业务特色，积极发展互联网金融和移动金融等新业态。推动大数据与移动互联网、物联网、云计算的深度融合，深化大数据在各行业的创新应用，积极探索创新协作共赢的应用模式和商业模式。加强大数据应用创新能力建设，建立"政产学研用"联动、大中小企业协调发展的大数据产业体系。建立和完善大数据产业公共服务支撑体系，组建大数据开源社区和产业联盟，促进协同创新，加快计量、标准化、检验检测和认证认可等大数据产业质量技术基础建设，加速大数据应用普及。

二、"互联网+"推动产业融合发展

（一）推进企业互联网化

数字经济引领传统产业转型升级的步伐开始加快。以制造业为例，工业机器人、3D 打印机等新装备、新技术在以长三角、珠三角等为主的制造业核心区域的应用明显加快。

1. "互联网 +"树立企业管理新理念

企业互联网思维包含极致用户体验、免费商业模式和精细化运营三大要素，三大要素相互作用，形成一个完整的体系（或称互联网 UFO 模型）。互联网思维是在互联网时代的大背景下，传统行业拥抱互联网的重要思考方式和企业管理新理念。

互联网时代对企业生产、运营、管理和营销等方面提出了新要求，企业必须转变传统思维模式，树立互联网思维模式。运用大数据等现代信息技术实现企业的精细化运营；坚持以用户心理需求为出发点，转变经营理念，秉承极少主义、快速迭代和微创新原则，实现产品的极致用户体验，如腾讯公司、360 公司在用户开发方面的成功案例，即是最好例证。

2. 推进企业互联网化的行动保障

政府通过加大中央预算内资金投入力度，引导更多社会资本进入，分步骤组织实施"互联网重大工程，重点促进以移动互联网、云计算、大数据、物联网为代表的新一代信息技术与制造、能源、服务、农业等领域的融合创新，发展壮大新兴业态，打造新的产业增长点。统筹利用现有财政专项资金，支持"互联网 +"相关平台建设和应用示范；开展股权众筹等互联网金融创新试点，支持小微企业发展；降低创新型、成长型互联网企业的上市准入门槛，结合证券法修订和股票发行注册制改革，支持处于特定成长阶段、发展前景好但尚未盈利的互联网企业在创业板上市。鼓励开展"互联网 +"试点示范，推进"互联网 +"区域化、链条化发展。支持全面创新改革试验区、中关村等国家自主创新示范区、国家现代农业示范区先行先试，积极开展"互联网 +"创新政策试点，破除新兴产业行业准入、数据开放、市场监管等方面政策障碍，研究适应新兴业态特点的税收、保险政策，打造"互联网+"生态体系。

（二）推进产业互联网化

推进产业互联网化，就是推动互联网向传统行业渗透，加强互联网企业与传统行业跨界融合发展，提高传统产业的数字化、智能化水平，由此做大做强数字经济，拓展经济发展新空间。数字经济特有的资源性、加工性和服务性，为产业互联网化提供更为广阔的空间。总体来说，产业互联网化就是推进互联网与第一产业、第二产业和第三产业的深度融合、跨界发展。产业互联网化的过程即传统产业转型发展、创新发展和升级发展的过程。

目前，应该以坚持供给侧结构性改革为主线，重点推进农业互联网化，这是实现农业现代化的重要途径；重点推进制造业互联网化，是实现制造业数字化、智能化的重要途径；重点推进服务产业的互联网化，是推进第三产业数字化发展的重要手段。大数据的迅猛发展，加快了产业"互联网+"行动进程。未来一段时间内，大数据将驱动金融、教育、医疗、交通和旅游等行业快速发展。

三、加快信息技术产业和数字内容产业发展

在数字经济时代，发达国家经济增长的决定性因素由要素投入的"规模效应"转变为知识"溢出效应"，以信息数字技术为核心的知识密集型产业正在成为新的经济增长点。我国应该顺应知识密集型产业发展的历史潮流，加快新一代信息技术创新，积极发展数字内容产业，通过产业融合和链条经济推动产业结构升级调整。

（一）加强新一代信息技术产业发展

当前，以云计算、物联网、下一代互联网为代表的新一代信息技术创新方兴未艾，广泛渗透到经济社会的各个领域，成为促进创新、经济增长和社会变革的主要驱动力。2010 年 10 月，国务院发布《关于加快培育和发展战略性新兴产业的决定》，提出要加快发展新一代信息技术产业，加快建设宽带、泛在、融合、安全的信息网络基础设施，推动新一代移动通信、下一代互联网核心设备和智能终端的研发及产业化；加快推进"三网"融合，促进物联网、云计算的研发和示范应用，这将使数字经济在我国迎来前所未遇的发展机遇。然而，由于我国是在工业化的历史任务远没有完成的背景之下发展数字经济的，因此必须积极通过新一代信息技术创新，发挥新一代信息技术带动力强、渗透力广、影响力大的特点，充分利用后发优势推动工业、服务业结构升级，走信息化与工业化深度融合的新型工业化道路。在实践方面，中国移动、中国联通、中国电信三大电信运营商和华为、中兴等电信设备提供商在积极探索、推动以 3G、无线上网、宽带接入为核心的信息通信技术的发展，并取得了一定的成果，我国的信息通信产业正在日益成熟。

（二）重视数字内容产业的发展

数字经济已经从"硬件为王""软件为王"进入"内容为王"的时代，数字内容产业正逐渐成为增长最快的产业。然而，同数字经济发达国家比较，我国数字内容产业在产业链条、产业规划和法律环境等方面还存在一定的差距。首先，发达国家数字内容产业通常以内容产品为核心，通过产业前向和后向关联机制衍生出产业链条；国内数字内容产业则"有产无链"，没有充分发挥数字内容产业所蕴含的链条经济效应。其次，当前数字内容产业在各省份、地区蜂拥而上，缺乏国家层面的规划布局，造成重复建设、同质竞争和资源浪费，不利于产业未来做大做强。最后，国内知识产权保护意识薄弱，各种侵权行为层出不穷，严重侵害了数字内容产品开发者的利益，大大抑制了数字内容产业的创新步伐。因此，我国必须统筹制定数字内容产业发展规划，加大知识产权保护力度，以链条经济充分带动数字内容产业的发展。

总之，数字经济在我国已经扬帆起航，正在打破传统的产业发展格局。为此，政府需要在数字经济发展的平台建设、"互联网＋"行动计划，重视数字内容产业发展等方面采取措施，推进新形势下我国产业结构调整，提高信息化程度，积极促进数字经济发展。

第三节 共享参与战略决策

数字改变生活，数字经济发展也正在改变我们的明天。数字经济时代，社会和公众如何共同参与数字经济发展，使经济社会发展的成果惠及全社会和广大民众，这是国家加快数字经济发展的出发点和最终落脚点。

一、弥合"数字鸿沟"，平衡数字资源

目前，我国数字经济发展的最显著优势是网民众多，这有利于我国成功从人口红利向网民红利转变。但是，以互联网为代表的数字革命普及和应用的不平衡的现实仍客观存在。

（一）"数字鸿沟"的主要表现

从横向观察，"数字鸿沟"的具体表现形态是多样的，既有微观主体

视角下个人、企业层面的"数字鸿沟"，也有宏观视角下地区、国家层面的"数字鸿沟"。

从个体层面观察，数字化浪潮中，年轻人可以快速学会并使用移动支付、预约出行、网络订餐等数字技术应用，成为数字时代的弄潮儿，而很多老年人则因为传统观念影响、学习能力偏弱等原因，成为数字消费弱势群体。同时，个体层面的"数字鸿沟"还表现在性别差异上，国际电信联盟数据显示，2016 年全球女性网民数量比男性少 2 亿以上，并且这个差距还在持续扩大。

从企业层面观察，一方面，不同行业的企业之间存在"数字鸿沟"。国际数据公司（IDC）发布的《2018 中国企业数字化发展报告》显示，我国零售、文娱、金融等接近消费端的企业，很多已经接近或完成了数字化转型，而制造业、资源性行业的数字化程度则相对较低。另一方面，即使是在同一个行业内部，企业数字化的程度也有巨大的差异。报告还显示，虽然制造业中有不少数字化转型成功的领军型企业，但依然有超过 50% 的企业数字化尚处于单点试验和局部推广阶段。

从地区层面观察，我国地区之间的"数字鸿沟"突出地表现在城市和乡村之间，以及东中西部地区之间。《中国互联网络发展状况统计报告》显示，我国 9.04 亿网民中，城镇网民占比高达 71.80%，而农村网民则仅占 28.20%。从东、中、西部地区来看，《中国宽带速率状况报告》（第 25 期）显示，2019 年东部地区 4G 移动宽带用户的平均下载速率最高达到 24.60Mbit/s，而中部地区和西部地区分别较东部低 0.93Mbit/s、1.58Mbit/s，表现出了比较明显的差距。

从国家层面观察，"数字鸿沟"表现为国家与国家之间数字技术应用水平的差异。其中，最突出的是发达国家与发展中国家之间的"数字鸿沟"。国际电信联盟数据显示，2017 年，发达国家互联网普及率达到 81%，而发展中国家仅为41%。当然，有差距就有"鸿沟"，即使是在发展中国家之间，也存在"数字鸿沟"问题。2017年，仍有31个发展中国家互联网普及率不及20%。我国是最大的发展中国家，近年来数字经济发展迅猛，2017年互联网普及率已经达到55%，网民人数更是在2020年突破了9亿大关。

（二）"数字鸿沟"产生的影响

"数字鸿沟"问题之所以会引起国际社会和我国政府的广泛关注，主要是因为"数字鸿沟"的存在和持续扩大，会使得基于数字经济的利益分配趋向不均等化，进而产生强者愈强、弱者愈弱的马太效应。从社会资本的角度看，使用数字技术的各类主体，能够快速使其原有的关系网络和拓展新的关系网络数字化，并将这些数字化的社会资本转化为新的经济社会资源。无法使用数字技术的群体，则会因为其只能依赖原有的社会资本而被远远甩在后面。

1. "数字鸿沟"使得个体机会的不均等加剧

数字化程度高的地区，学校学生可以通过互联网获取名师课程、在线习题等海量的教育资源，而对经济欠发达地区的学生而言，传统的课堂学习仍是获取知识的主要渠道，这势必会进一步加剧本就已经存在的教育机会不均等。受新冠疫情影响，我国大部分地区的学校都将教学活动从线下转为线上，从而保证了教学的持续进行，但有部分偏远地区的学生一度处于"脱网""半脱网"状态，无法开展正常的学习活动，这就是城乡"数字鸿沟"的具体体现。此外，工作机会的不均等也因"数字鸿沟"变得越发凸显。以性别层面的工作差异为例，数字技术的进步正逐渐将女性从数字空间中排挤出去，据国际管理咨询机构埃森哲发布的统计数据显示，美国计算机行业女性劳动者的占比，已经从1995年的37%降至2016年的24%。

2. "数字鸿沟"使得企业竞争的不平等加剧

企业通过数字化转型，可以在市场竞争中占据优势地位，如通过建设智能工厂提升其内部的生产效率，使用电子商务增强其开拓国内外市场的能力等。传统企业由于仍是依托传统的资源禀赋，如劳动力成本优势、自然资源优势等，导致其在数字经济时代的全球竞争中处于弱势地位。此次新冠疫情在全球的蔓延，促使数字化的生产经营方式展现出巨大的潜力和发展前景。海关统计数据显示，2020 年上半年，虽然总体经济的下行压力增加，传统货物贸易进出口总额同比下降了 3.2%，同期跨境电商进出口表现优秀，增长了 26.2%，实现了逆势上涨。

3. "数字鸿沟"使得地区发展不协调加剧

从发展机会看，农村地区、中西部一些地区由于数字基础设施不完善、专业技术人员缺乏等，难以发展人工智能、大数据、云计算等相关产业，错失了数字经济发展的重要机遇。相比浙江、广东、福建等东部地区抢抓机遇，布局数字经济，中西部地区在数字经济大潮面前显得相对沉寂。从发展结果看，城市相比农村、东部地区相比中西部地区，数字产业化、产业数字化的程度都更高，数字化治理更完善，数据价值化挖掘也更充分。此次疫情防控过程中，健康码便是首先在杭州上线，并在推动复工复产的过程中发挥了关键作用。由此，数字经济红利分配格局呈现出城市多、农村少，东部多、中西部少的局面，这势必会进一步加重本已存在的地区发展不平衡、不协调问题。

4. "数字鸿沟"使得全球发展不平衡加剧

数字技术传播的过程，同样也是全球财富积累的过程，例如，微软、谷歌等互联网巨头企业的快速成长，成为美国等发达国家经济增长的重要动力源。发展中国家则受限于自身经济发展水平和数字技术水平，一方面，很难成为数字消费国，无法享受数字技术带来的生产生活便利；另一方面，即使成为数字消费国，也很难实现从数字消费国到数字生产国的转变。这使得发展中国家在全球数字经济红利的分配中处于非常被动的地位。对此，联合国贸易与发展会议在其发布的研究报告《新冠肺炎疫情危机：强调弥合数字鸿沟的必要性》中强调，数字经济发达国家的市场支配地位可能会因为疫情而进一步增强，这会进一步拉大富裕国家与经济欠发达国家之间的裂痕，使得全球不稳定因素增加。

（三）弥合"数字鸿沟"的主要途径

1. 以硬件设施升级为重点弥合"接入鸿沟"

第一，扩大数字基础设施覆盖范围。推动"数字丝绸之路"建设，持续加大经济欠发达国家和经济欠发达地区固定宽带网络与移动通信基站的建设投入，并给予其充分的资金和技术援助，包括数字基础设施建设的贷款和利率优惠、数字技术专利的适度共享等。同时，创新互联网接入方法，加快全球低轨宽带互联网星座系统部署，为偏远地区提供稳定的互联网接入方式。第二，提高互联网接入质量和传输能力。鼓励宽带技术、5G通信技术的创新与应用，提高数据传输速率、减少延迟、节省能源、提高系统容量，为在线学习、视频会议、智能制造、远程医疗等领域提供关键支撑。第三，降低宽带和移动流量套餐资费。有序开放电信市场，以市场化竞争倒逼电信企业提高运营效率，降低服务资费。鼓励电信企业面向家庭收入不高的学生等用户群体提供定向流量优惠套餐，面向中小企业降低互联网专线资费。

2. 以软件服务优化为抓手弥合"使用鸿沟"

一是培育专业化的数字人才队伍。通过组织优秀人才留学访问、跨地区交流等方式，将专业人才作为数字技术传播的桥梁和纽带，吸收发达地区的先进数字技术应用经验，不断提升经济欠发达地区群众的数字技能。

二是优化数字教育资源公共品供给。各国政府与国际组织应当打造全国性和全球性的数字教育资源公共服务平台，指导教师运用数字化教学设备，提升在线授课技巧；帮助学生熟悉各类数字教育软件，提升在线学习效率。

三是助推传统企业数字化转型升级。政府和行业组织应当鼓励传统企业学习数字化领军企业的成功转型经验，为企业运用工业互联网平台、建设智能工厂、打造智慧供应链提供专业技术指导。

3. 数字素养培育为特色弥合"能力鸿沟"

明确角色定位，推动形成以政府机构为规划领导者，教育机构为具体执行者，社会力量为辅助者的多主体数字素养培育体系。在这个体系下，包括学生、工人在内的全体社会公民都是数字素养培育的对象。制定培育目标，构建集数字资源收集和鉴别能力、数字知识利用和交流能力、数字内容创造和输出能力、数字安全维护能力于一体的多元化培育框架。倡导有教无类，面向不同家庭背景、不同学历层次、不同工作岗位的群体，将数字素养培育融入家庭教育、学校教育、职业教育、社会教育中，打造全方位的数字素养培育模式。

二、大力倡导"大众创业、万众创新"

适应国家创新驱动发展战略，实施大数据创新行动计划，鼓励企业和公众发掘利用开放数据资源，激发创新、创业活力，促进创新链和产业链深度融合，推动大数据发展与科研创新有机结合，形成大数据驱动型的科研创新模式，打通科技创新和经济社会发展之间的通道，推动万众创新、开放创新和联动创新。

（一）扶持社会创新发展

数字经济是未来经济发展的新蓝海，其中蕴藏着巨大的商机和展现出更为广阔的市场。面对数字经济带来的新机遇、新挑战，政府应该帮助社会创新发展，因为只有创新才能使社会大众从数字经济的金矿里挖掘更多的"金子"。

1. 鼓励和扶持大学生和职业院校毕业生创业

实施"大学生创业引领计划"，培育大学生创业先锋，支持大学生（毕业 5 年内）开展创业、创新活动。通过创业、创新座谈会、聘请专家讲座等形式鼓励和引导大学生创业、创新。积极扶持职业中专、普通中专学校毕业生到各领域创业，享受普通高校毕业生的同等待遇。免费为职业学校毕业生提供创业咨询、法律援助等服务。

2. 支持机关事业单位人员创业

对机关事业单位工作人员经批准辞职创业的人员，辞职前的工作年限视为机关事业社保缴费年限，辞职创业后可按机关事业保险标准自行续交，退休后享受机关事业单位保险机关待遇。

3. 鼓励专业技术人员创业

鼓励专业技术人员创业，探索高校、科研院所等事业单位专业技术人员在职创业、离岗创业的有关政策。对离岗创业的人员，经原单位同意，可在 3 年内保留人事关系，与原单位其他在岗人员同等享有参加职称评聘、岗位等级晋升和社会保险等方面的权利。鼓励利用财政性资金设立的科研机构、普通高校、职业院校，通过合作实施、转让、许可和投资等方式，向高校毕业生创设的小型企业优先转移科技成果。完善科技人员创业股权激励政策，放宽股权奖励、股权出售的企业设立年限和盈利水平限制。

4.创造良好创业、创新政策环境

简化注册登记事项，工商部门实行零收费，同时实行创业补贴和税收减免政策。取消最低注册资本限制，实行注册资本认缴制；清理工商登记前置审批项目，推行"先照后证"登记制度；放宽住所登记条件，申请人提供合法的住所使用证明即可办理登记；加快"三证合一"登记制度改革步伐，推进实现注册登记便利化。

5.实行优惠电商扶持政策

依托"互联网＋"、大数据等，推动各行业创新商业模式，建立和完善线上与线下、境内与境外、政府与市场开放合作等创业、创新机制。全面落实国家已明确的有关电子商务税收支持政策，鼓励个人网商向个体工商户或电商企业转型，对电子商务企业纳税有困难且符合减免条件的，报经地税部门批准，酌情减免地方水利建设基金、房产税、城镇土地使用税；支持电子商务及相关服务企业参与高新技术企业、软件生产企业和技术先进型服务企业认定，如符合条件并通过认定的，可享受高新技术企业等相关税收优惠政策。

（二）规范和维护网络安全

随着移动互联网各种新生业务的快速发展，网民网络安全环境日趋复杂。为此，政府需要加强法律制度建设，提高网民网络安全意识，维护社会公共利益，保护公民、法人和其他组织的合法权益，促进经济社会信息化健康发展。

1.网民安全感现状

目前，网络安全事件依然对大部分网民构成影响。根据《中国互联网络发展状况统计报告》数据显示，三成以上网民对网络安全环境持信任态度，认为上网环境"非常安全"和"比较安全"的占比为38.8%，而认为上网环境"不太安全"和"很不安全"的用户占比也达到20.3%。

2. 网络安全事件类型

我国网民面临的主要网络安全事件包括网上诈骗、设备中病毒、木马、账号或密码被盗以及个人信息泄露等情况。各类网络安全事件发生情况如下：网上诈骗占39.1%，设备中病毒或木马占36.2%，账号或密码被盗占33.8%，个人信息泄露占32.9%，其他情况为29.5%。初步统计，数据使用管理不规范，个人信息安全保护不力，既损害了公众利益，影响社会安定，又打击了社会公众开放共享数据信息的信心，不利于大数据产业的长远发展，影响我国经济的转型升级。

3. 加强网络安全监管

随着移动互联网各种新生业务的快速发展，网民网络安全环境日趋复杂。为此，2016年11月7日，十二届全国人大常委会第二十四次会议通过了《中华人民共和国网络安全法》，为保障网络安全，维护网络空间主权和国家安全、社会公共利益，保护公民、法人和其他组织的合法权益，促进经济社会信息化健康发展奠定了法律基础。

当前，大数据已从互联网领域延伸至电信、金融、地产、贸易等各行各业，与大数据市场相关联的新技术、新产品、新服务、新业态不断涌现，并不断融入社会公众生活。大数据在为社会发展带来新机遇的同时，也给社会安全管理带来新挑战。

针对以上问题，应结合我国实际，借鉴国际经验，尽快启动规范数据使用和保护个人信息安全方面的立法工作。规范数据使用管理对非法盗取、非法出售、非法使用、过度披露数据信息的行为，开展专项打击，整顿市场秩序。将个人使用数据的失当行为纳入公民社会信用记录，有效净化数据使用环境。同时还要强化行业自律，将有关内容纳入各行业协会自律公约之中，建立互联网、电信、金融、医疗、旅游等行业从业人员保守客户信息安全承诺和违约同业惩戒制度。

（三）树立共享协作意识

移动互联网平台、大数据平台和手机 App 等现代信息技术平台的推广运用，使社会、公众的联系愈加紧密。这也为数字经济时代社会协作发展提供了可能。

1. 积极发挥社会组织公益式孵化作用

社会组织本质上是自愿结社，具有平等共享和自发的特点。成员之间平等交流、同业互助的社会关系能够促进良性的创新思维。同时，自发成立的社会组织本身也是一种创业和创新，可以说，社会组织天然地具有创新、创业基因。为了提高创业、创新的成功概率，应该积极发挥社会组织对创业者的公益式孵化作用，弥补国家、政府、企业无法顾及的创业、创新领域。目前，在中关村就有多家社会组织为"大众创业、万众创新"提供全方位服务。例如，"民营经济发展促进会""民营经济发展研究院""大学生创新创业联盟""职业教育产业联盟""中关村国大中小微企业成长促进会""中关村创业投资和股权投资基金协会"等，通过开办"创新创业大讲堂""创新创业服务超市""创新创业孵化基地"等，为数以万计的创业青年、众创空间、创业技术企业提供了融资、专业技能、管理水平、政策法规、办理执照等服务。

2. 坚持共享协作发展

数字经济时代，创业创新发展不再是单兵作战、孤军奋战，而是社会全面共享协作发展。所以，创业创新发展要获得巨大成功必须充分利用移动互联网平台、手机 App 等数字化服务，加强政府、企业、社会共享协作发展，构建"政府引导、企业主导发展、社会共享协同参与"的数字经济发展新格局。

总之，数字经济发展成果广泛惠及社会民众，这是数字经济发展的根本。所以，弥合"数字鸿沟"，平衡数字资源，是社会共享参与数字经济发展的基本前提；大力倡导"大众创业、万众创新"战略行动，是社会共享参与数字经济发展的具体实践；规范和加强网络安全，加紧网络安全法规制度建设，是社会共享参与数字经济发展的重要保证。

第六章　新发展格局下中国经济数字化路径

第一节　中国经济数字化发展背景与内涵

自从互联网融入人们的生产和生活以来，经济发展的趋势就开始逐步走向经济数字化的进程当中。结合目前国内外形势，中国在中短期内将处于疫情防控常态化和国外疫情扩散与反弹的不确定性之中；长期则面临全球政治经济形势不稳定性增加和内部深化经济体制改革引领高质量增长的局面。原来过多依靠出口拉动经济增长的模式已经无法可持续发展，因而转变发展思路，加快形成灵活完善的内需市场与吸引投资资本，以内循环为主要发展思路，同时只有形成注重国内与国外循环同步进行的新发展格局，才能既有效应对世界经济政治环境变化，又能满足高质量发展的内在要求。在此环境影响下，经济数字化发展逐渐出现新内涵与新特征。

从深层次来看，经济数字化将促使经济态势整体发生颠覆性变化，主要可以概括为"一要素二变革三特征"。"一要素"是指有效信息凝结成的数据转变为新型的生产要素，对数据资产的掌握与充分发挥其价值将对经济增长起到推动作用。从整体来看，从数据资源提升至新型生产要素的战略地位，经济数字化整体的发展基础不断深化。"二变革"是指经济数字化会带来数字产业化和产业数字化两个方向的转型，数字产业化是指数据创新催生的新产业，而产业数字化则是指数字技术对原有产业的再发展再赋能，即"互联网+"。从微观企业视角出发，数字产业化可借助创新的数字技术发现并创造新的需求，同时优化制造业整个生产流程，扩大产出效率。从宏观产业整体视角出发，产业数字化将会促使数据要素的规模效应在传统产业叠加，引发产业体系的整体变革，打造全新的产业分工合作格局，并加速新旧动能之间的转换。"三特征"是指产业组织模式层面平台化、规模化与范围化，政府与社会治理体系层面数字化，数字经济、实体经济与现代金融三大板块实现高度融合化。

一、中国经济数字化发展背景

（一）国际因素：世界百年未有之大变局

1. 国际格局深度调整

目前世界正处于国际格局的深度调整之中，大国间战略博弈引发世界政治经济格局的变化，西方国家单边霸权主义和贸易保护主义的盛行导致贸易争端接连出现，发展面临的新机遇与挑战虽不断涌现，但是难以确定因素明显增多。

2. 科技革命竞争激烈

如今科技引发的数字革命和产业格局的大变革将会变成激发社会潜在生产力，推动经济整体实现跃进式发展，成为国家持续性进步的驱动力来源。自21世纪以来，接连不断的科技革命浪潮汹涌而至，包括信息变革、3D视觉技术、量子通信、人工智能与区块链等。在新时代的浪潮中，技术革命发生的周期越来越短，速度不断加快，呈现出指数式扩张趋势。技术革命的迭代效应将重塑产业格局，改变原有产业链的分工体系，促进世界整体向新的经济增长发展动能端转化，为世界体系的发展和各国间的战略博弈带来全新的挑战。目前技术革命的竞争主要体现在以下几个方面：一是大数据基础设施建设领域，为大数据的积聚打下良好的基础条件。二是创造数据的能力。中国凭借着人口优势以及通用的互联网为技术升级提供大量的数据支撑。三是数据的运算与处理能力。利用云计算释放发展潜力并快速占据市场。作为世界经济发展的重要引擎，可以说科技能力已经成为衡量未来国家竞争力的重要指标和竞争的主赛道，如果一国能够率先在新一轮科技革命和产业变革中取得领先地位，就能在新时代变局的战略演化中占据主导地位与获得新优势。

（二）国内因素：构建双循环新发展格局

1. 内循环：国内庞大消费市场规模潜力

在过去的发展模式中，中国主要依托出口渠道刺激经济增长，但是随着外部市场的不稳定性逐渐增加与国内市场追求高质量发展的长期因素下，叠加疫情影响因素的短期因素的双重作用，政府转向提出新发展格局战略，从内部寻找发展的新动力与重要支撑。内需中的三个关键是消费、投资与政府财政支出，其中政府财政支出一方面具有限制性与不可持续性，另一方面充当着宏观调控的重要角色，因而重点在政府可以合理规划消费与投资等方面进行有效制度安排。从经济发展的整个周期变化来看，在中国经济发展的初期，农业是发展的基础条件，国内消费者对拉动经济增长占据主要力量；后续随着工业化的浪潮不断融入，资本的重要性在不断提升，投资作为更重要的力量驱动了经济增长。目前，中国整体的产业结构已经基本达到一个稳定的状态，人们的消费结构和能力得到了明显提升，因此在这一形势的驱动下，中国的内需规模和结构已充分达到了构建双循环新发展格局的基础。另外，中国具有广阔与高质量发展的需求空间，在14.1

亿人口的广泛需求中，涵盖 2.18 亿多高素质专业人才的超大规模内需市场面临着消费升级的大趋势。因此为推动国内循环的主体战略，可以借此为出口型企业提供切入国内市场的机遇，并进一步挖掘并扩大国内消费市场规模效应，从而为国内企业寻找更多，更持久的利润增长点，这是实现经济可持续发展的必然要求。

2. 外循环：自主科技创新政策大力支持

在抓好内需的同时，也需要把握国内国际双循环同步进行。目前国外市场的需求逐步升级至高品质的产品，过去以廉价制造的商品出口无法维系长期的合作纽带，更为关键的是要在新发展格局中真正实现中国创造，利用企业自主科技研发突破技术壁垒，成为国际贸易循环中不可替代的一环。2020年 10 月，党的五中全会公报明确指出，到 2035 年中国将在创新技术上实现跨越发展，列入创新型国家。同时 2020 年底中央经济工作会议提出，2021年迈好构建新发展格局的关键首步。其中，率先强调了科技创新问题，在"十四五"规划中也将"坚持创新置于首位，将科技自立自强作为国家发展的战略支撑"，整体在促进新发展格局的构建过程中，对技术的重视程度大幅提升。过去中国的创新更多是依托从国外引进先进技术，但是随着世界格局的变化以及时代生产力的提高，具有内驱性和抓准时代脉搏的技术创新将会起到颠覆性作用。尤其在经济数字化的发展时代，技术重点放在新基建、云技术以及更多算法及运算的升级之中，用科技创新去推动融合更多的大数据要素，逐步促进数字技术革命和实体经济深度融合改革创新；将重点放在提高劳动生产率和满足人们的需求上，用科技在国际体系中构建并提升中国的话语权，从而全方位深层次推动"双循环"体系的构建。

3. 整体：全面深化改革，融入国际体系

在提出新发展格局战略的同时，中国正处于更为全面深化改革开放层

面，社会主义市场经济体制迈向更深层的发展，逐步实行更大程度的对外开放，推动改革与开放相互促进。此时，金融资本在推动技术创新升级和实体产业高水平发展层面将比以往发挥更大的能效，转化成带动"双循环"重要动力支持。在资产方面，资本市场可借助数字化的技术分析，逐步精准确定企业在不同阶段的融资需求，在有效控制风险的前提下，推动传统产业实现规模扩张。在资金方面，数字技术可以促进资本市场与适宜的风险偏好资金相对接，实现效用最大化，同时为金融资本的快速自我增值提供条件。因而为推动实体经济有坚实的支撑资本，则需要在资本市场上利用数字化的力量促进金融升级，以带动新一轮科技革命和产业升级。

二、中国经济数字化内涵研究

（一）经济数字化的内涵新释

经济社会的形态一直处于不断的动态变化过程之中。从二十世纪四十年代起，信息经济的时代逐步来临，当时经济发展的主要驱动力是新兴的信息科学技术，如芯片、移动通信、集成电路与微型处理器等，迅速通过经济社会运行与人们的生产生活相融合，带来了生产生活方式的大变革，通过产业信息化与信息产业化两个途径迅速引发了高科技革命。信息经济时代主要聚焦生产信息的第一部门和融合信息的第二部门，但是随着互联网技术的重大突破与新兴的电子商务模式不断涌现，数字化程度已经超越了原有的信息模式，呈现出规模化与扩大化的特征。在此趋势下，经济数字化逐渐朝着更加深入与更高级的模式进行转化，为经济社会发展注入新的动力。

目前诸多学者对数字经济的内涵从不同的角度进行了深入的研究与探讨。首先，如裴长洪等（2018）从技术论视角出发指出，数字技术是决定经济生产率的一种全新技术方式。数字技术可以通过渗透进现有的农业经济、工业经济并与人们的生产生活方式相融合统一，形成互联网升级的新运用。同时数字技术通过赋能传统产业，可以与其他技术与要素共同作用，对现有生产率的提高起着决定性作用。其次，易宪容等（2019）从数据要素与技术基础变革的视角指出，数字经济发展的关键在于衍生出了数据这一个重要的生产要素。同时数字技术的创新性催化是其不断发展的重要基础，催生了数据相连接的智能化与知识化的全新社会运行模式。最后，如中国通信研究院在其2020年发布的白皮书中指出，数字经济实际上是一种颠覆式的全新的经济形态。其中的重要生产要素为数据这种包含了数字化的知识与信息的新型要素，同时整体社会发展的推动力为：不断升级的数字技术，以现代化的网络平台为重要发展媒介，加速数字化转型的一体化趋势与新经济发展模式。

综上所述，数字经济发展的关键在于三大板块。其一，关键的推动力是不断升级创新的数字技术的赋能，其能够引发生产模式的变革；其二，全新的要素重构是数据这一关键要素所驱动的，其通过不断的规模效应与自我拓展，为生产力的变革注入新活力；其三，众多效应积聚共同打造了全新的经济形态，将众多资源进行整合，推进要素使用的效率，不断追求更多的价值。中国的经济数字化，其实是上述三个方面的辩证统一，新发展格局下经济数字化是基于中国的基本国情出发，借助数据这一新型生产要素达到一定规模后的边际收益递增效应，从企业、产业与社会多重维度，通过数据技术的整体赋能，扩大数据的万物互联效应与提高劳动者的生产率，借助金融资本的力量，不断进行数字技术的赋能升级与再调整的动态过程，最终打造中国数字经济发展的新场景。

（二）经济数字化的全新变革

1. 新型生产要素数据

Y1=F（A，L，Y）

Y2=F（A，K，L，T）

Y3=F（A，D，K，L，T）

其中，Y代表不同阶段的产出，L代表劳动力要素，T代表技术要素，K代表资本要素，D代表新型的数据要素。

从生产要素这一历史变化范畴来看，在经济社会的不同阶段，会呈现出不同的范式，以不同的结构和作用机理相组合。在最初期的农业经济（Y1）时代，生产主要是农业技术、劳动力和土地相结合；后逐步转向工业经济（Y2）时代，生产性资本（如机器设备、土地等）要素的力量不断提升，与工业技术、劳动力构成生产全新的要素组合。同样，在当今不断扩大的数字经济时代（Y3）浪潮中，数据凭借着其特有的优势脱颖而出。Gopalkrishnan等（2012）指出，信息和技术基础设施增长的风暴导致了数字经济的扩张，数据成为最重要的战略资产之一。数据这一要素是由局部零散的信息通过技术的聚集效应与整合分析，从中提炼出有效的信息，并不断自我衍生拓展逐步向价值转变。数据价值化的实现过程是由多个环节相互联系，层层深入而成的。第一环节是进行数据资源化的基本步骤，将原始的零散数据通过数字技术进行整合，过滤删除掉错误与无价值的样本之后，从中提取出可推动生产的有效信息。第二环节是促进数据资产化，将初步整合而成的信息用于企业生产流程的优化与提升中，为企业降本增效，并促进企业的数字化转型进程。第三环节是实现数据的资本化，在企业与数据平台或不同企业间，通过数据的交换来促进要素市场化的有效配置，在交换过程中实现数据的价值与交换价值，真正地内驱为促进社会经济发展的主导力量，升级成为新型生产要素。

同时，结合中国目前的发展现状来分析国内数据要素市场。首先，中国具备人口红利的优势，有足够大的消费市场需求端为数据的创造与供给提供不断的源泉，为积聚大数据的规模效应提供良好的基础。其次，中国具备领先的网络基础设施环境，在新基建、共享经济、直播平台与移动支付等领域实现超前应用，可为大数据创新性积累提供开放式的思路。最后，中国政府高度重视国内的数据要素市场的建设，并不断出台政策促进规模化的有效市场建立。2017 年 12 月，习近平总书记在讲话中指出，要重视构建数字经济中"数据"这一关键的生产要素在其中发挥的作用。为进一步深入改革要素市场化中的配置机制，加快经济发展整体的效能提升，党的十九届四中全会首次明确将数据列为新型的生产要素，提出"生产要素由市场评价贡献、按贡献决定报酬的机制"。2020 年 4 月，国家提出"要加快培育数据要素市场"，可见国家对数据要素的重视程度在不断增加。

2. 数字产业化

数字产业化是经济数字化的最初表现，可以理解为在数字技术的不断创新与变革之中，突破原有的技术限制，并在技术的跨越式推动中结合数据这一新型的生产要素，通过商业模式与管理方法等创新，催生出全新的数字产业链，并在发展中带动整个产业链的升级。现今已逐渐衍生出具有代表性的应用场景，包括大数据、区块链等前沿领域。具体分析来看，数字产业化一方面有利于突破原有的封闭式供给与需求瓶颈，能够在动态变化过程中，通过数据反映市场中的需求变化并灵活调节企业的供给措施，解决原有的信息不对称问题，使得市场变动对企业的冲击削弱，同时也可以发现消费者的小众化与多元化的消费需求，可通过新需求促进市场发展。另一方面，数据产业化后可以形成一定的规模效应，降低企业的生产成本，通过高效的生产能力使得科技成果迅速升级应用，并带来正向的循环发展。目前中国已经建成全球最大的 5G，5G 基站达 70 万台，占全球比重近70%，并且从 2020 年开始，全球 5G 网络中将有三分之一技术来自中国，因而在数字产业化领先的网络供给能力上，中国具有坚实的支撑体系。

3. 产业数字化

产业数字化是经济数字化发展的深入表现，即在传统的产业中利用数字技术的效应进行赋能，引领传统产业进行数字化转型升级，改变过去单一与高耗能的生产方式，让产业中融入新的价值增长点，寻找提升经济运行效率与刺激经济增长的全新模式。现今这一趋势已经逐步渗透进入传统的医疗、物流与制造业之中，形成数字医疗、智能物流、工业互联网等多个全新的产业体系。在数字医疗中，利用发达的科学技术可以打破原来受空间限制的不可移动的医疗资源的体系，实现跨区域调配医疗资源，简化就诊流程，切实改善患者的就医感受，满足患者的就医需求。在智能物流当中，数据的出现使得物流行业迅速发展，通过密网式的分布缩短供应链中产业上下游企业与消费者间的流通时间，进而加快整个资本周转速度，间接提升经济整体运行效率。在工业互联网中，利用数字技术重塑制造业产业结构，淘汰落后产能，将资源逐步向新兴行业集中，提升行业数字合力，加强各方生态共建等。可以看出，产业数字化已经潜移默化地融入人们生活与工作常态化的运行体系中，全方面地满足人们在现代化进程中催生出的全新需求。

三、中国经济数字化新特征

传统的经济在不断与数字化交融升级之中，通过数据的基本生产要素与技术的创新型力量共同作用，改变原有的生产组织结构，推出平台化的全新体系，同时进一步拓展规模经济与范围经济，寻找新的消费升级点，进而深层次地实现数字经济和实体经济与金融之间的融合发展，通过经济数字化的过程打造新型生态体系。

（一）产业组织模式平台化、规模化与范围化

在经济数字化的初期发展过程当中，电商模式中逐步催生出一种新兴的业态，颠覆了原有的生产交易方式，通过数据集合来实现供需两端的效率优化，形成了以网络平台为核心的产业组织模式。借助平台的广阔体系，可以使得互联网的分布更加深入渗透进入各个产业的内部运作之中，驱使原有的供需端改变原有的发展路径。由过去的标准化生产转变为经济数字化背景下的定制化生产，产业组织方式由产业环环相接变为协同共生。在供给端，通过平台能够直接将生产要素的提供者与需求者直接对接，降低原有要素的生产成本，同时通过透明公开的信息提升市场的竞争水平，这在很大程度上能够解决信息不对称问题。在需求端，平台能够实现商品供需的快速匹配，提供可以让消费者进行"一站式"选择的方式，进而持续吸引消费者进入，生产有价值的数据信息反过来再引领供给端的生产，实际上形成了一个产业链良性循环，可实现高质量发展的长期稳定路径。

一方面，平台经济具有极强的规模效应。平台整体呈现快速衍生式发展趋势，逐步借助自我优势积累了大量的客户群，同时通过整合各渠道的信息实现跨越式的骤增，在达到一定的规模程度后即呈现边际收益递增的效应。这是由于平台的发展主要分为两大环节，在平台建设的初期，由于要投入一定的初期基础设施建设与技术升级来保证运营的效率，同时需要通过宣传与再投资吸引消费者以达到一定规模的效果，因而前期的成本是较高的。随着平台体系的成熟，呈现外部经济性，通过自身的虚拟正向循环即可为平台内各方增加价值，并进一步吸引更多用户进入，具有螺旋式

自我衍生的优势。在这种状态下会带来经济数字化背景下的产品表现出很强的规模性，超出平台自身的虚拟价值，并呈现出垄断的格局。例如，电商平台垄断者腾讯和阿里巴巴，社交型平台微信与QQ等，均是通过占据市场中数据信息的垄断地位获得了产业资本的剩余价值转移。总的来说，平台的发展会带来数据要素的集中与资本要素的集中，进一步强化了龙头企业占据垄断权的格局。

另一方面，在加剧垄断的同时，平台经济也具有范围效应，为创新型中小企业的发展提供了一定的机遇。在大量用户资源与数据积累的基础上，平台可以去挖掘潜在用户的小众化需求，提供定制化的服务，为开拓市场打开新兴消费缺口。同时，数字经济中的平台模式可以将生产者与消费者连接起来，并不断积累用户群体，吸引更多的个性化需求，进一步为商品补贴与免费服务提供了可能。例如，在微信积累大量客户群的基础上，企业可以针对不同的人群做定向的推广，在此战略下拓展业务范围，并可以降低运营的成本，进而带来范围经济效应。目前拼多多的这一体系正在逐步构建，并表现出超过阿里的趋势，而其凭借的正是微信的社交网络，在迅速积累自己的用户体系基础上，通过组合微信和支付宝两大软件实现支付体系的全贯通，同时组合顺丰和菜鸟打造的物流链，形成三位合一，利用现有的平台力量组合特色化的创新优势，实现快速跨越式发展。

（二）社会治理体系数字化

在经济数字化发展的深入渗透过程中，国家不仅聚焦科技赋能企业和产业数字化转型升级，同时将数字技术融入社会治理的各个领域之中。社会治理体系的数字化将围绕新基建全面展开，在前端端口的数据采集、网络传输（光纤+5G+物联网）与云平台（云+AI+大数据）的基础上，实现数据跨域流动，通过现代化的信息整合调配达到整体关联、动态平衡的状态。

发挥数字技术和数据的高敏感性与灵活性，解决原有的社会治理缓慢与效率低下问题，有利于更高效率地配置公共资源并优化社会的组织管理流程，最大限度地便利群众并防范社会风险。另外，政府通过大数据还可以前瞻性地迅速捕捉到宏观经济的动态变化，发现社会运行中的问题，从而在源头上抢先解决关键问题。

同时，中国作为一个拥有众多人口和领土面积的国家，积极运用数字技术加强社会治理，提高政府效率，引领社会进行数字化转型发展至关重要。党的十九大以来，中国政府高度重视全社会整体数字化转型发展进程，尤其是在疫情的影响下加速了这一发展进程，探索实施疫情防控二维码、线上政务办公等新形式。同时中国政府通过数字治理在疫情当中有效调配物资与人力，在最大的限度上控制疫情扩散，实现复工复产，促进社会秩序回归正常运转。此外，国家目前已经在逐步推动国家共享数据平台的建设，通过统一的政府服务，提升网络综合治理能力，全面提升社会治理体系。

（三）经济体系深度数字融合

在经济数字化的成熟发展阶段上，整个社会发展的新形态表现为实体经济与数字经济的深度融合，以及实体经济、现代金融与数字经济的互相赋能。首先，在数字技术推动实体经济发展的初期阶段，主要的表现是企业借助大数据的作用精准定位用户的需求，利用平台的势能挖掘更多的潜在优势，帮助一些企业进行生产环节的流程优化与降本增效，主要是由数字消费逐渐向数字生产进行转变。在需求端上，二者的深度融合将会通过刺激居民消费升级、投资加速与放松政府财政支出等渠道，逐步传导并影响到整个就业和收入问题，进而促进整体经济高质量发展。在供给端上，二者的深度融合将会影响整个产业链体系与对外贸易的长期发展势能，拓展国内生产的分工体系，拉动外部出口需求，促进中国供应链、产业链对内与对外同步发展，进而实现中长期中国经济高质量发展转型。更深层次的阶段会将数字技术拓展到整个行业层面，通过带动整个行业的结构优化，淘汰落后的产能并助推新产业与新业态的不断涌现。例如，滴滴平台将在线预约车与智能导航融为一体改变了人们的出行方式，同时出现了一种"零工经济"的新业态。美团与饿了么的出现在很大程度上改变了人们的就餐方式，迅速提供了大量的外卖员的工作岗位，颠覆了传统经济形式。同时，在实体经济快速发展的同时，通过积累数据的规模进一步促进技术的升级，因此数字技术与实体经济间的深度融合是规模经济发展到一定程度的阶段性表现。

同时，数字化进程为现代金融带来了颠覆式的变化，通过数字技术使得金融资本能够更加快速地扩张，进而将大量资本注入实体经济中，驱使整个经济循环建立在生产规模提升的基础上。进一步借助数字技术与平台经济的优势，金融资本能够衍生出新的形态并快速积聚呈现规模化。中国发展最快的一个数字化应用即移动支付，通过微信与支付宝两大端口迅速改变了人们的支付习惯，其传播速度与衍生效率更是折射出了大数据的效率，同时为线上购物的新需求带来了新的可能，从而赋能传统产业端。同时腾讯与阿里将大部分的资金投至云端大数据建设，并推进技术持续创新，形成刺激经济发展的新一轮循环。总的来说，经济数字化将引发实体经济业态变革并与之深入融合，同时引发金融资本数字化扩张，利用金融赋能刺激技术进步与实体经济持续发展。使得数字经济、实体经济、现代金融三大板块实现高度融合，使经济结构从分立走向业态融合，从而产生放大效应，促进中国经济持续性健康发展。

第二节　新发展格局下经济数字化发展基础路径

经济数字化是贯穿整个经济新发展格局的大环境之中的，将经济内循环作为重要环节、同时推动国内国际经济"双循环"是构建新发展格局的重要路径，而其关键是要保持生产、交换、分配与消费四大环节能循环往复进行，借助技术的力量为循环不断注入新动力。同时，在这一循环中，作为新型的生产要素数据是嵌入"双循环"的整个过程中的，因而，经济数字化与新发展格局的构建是具有同步性的。

一、数字化生产环节

（一）新型数据要素赋能价值生产

从劳动过程中的要素展开来看，数字劳动的生产即劳动者借助日常的移动互联网连接新型电子设备，将自己的时间、情感与脑力投入其中，生产出大量信息，这些信息在通过技术处理之后则可以转变成为有效数据，直接影响生产过程。不同于以往的要素在达到一定规模后会呈现出边际报酬递减的效应，数据在生产使用过程中表现出零边际成本甚至是规模报酬递增的状态，同时数据的再生周期短并拥有极大的流动性。所以大数据是凝结着人们的劳动时间的有价值的产物。更为关键的是数据这一产物还能够再回到生产过程初始阶段赋能，使整个生产劳动率得到提升，为整个生产循环过程实现资本积累找到了新路径。不同于原先的资本积累是通过资本家将消费剩余之后的资本投入生产过程之中进行的，资本家需要"节俭"，在新的形式之下，数据的消费反而会再生产出数据。在一轮资本循环之中，数据既是要素也是产品，在短期内可以积聚大量优势，在长期中可以永续性发展，为整个社会的扩大再生产提供了不同于以往的路径。加快整体资本周转的速度，提升社会生产效率，这一关键性特点改变了原有的产能限制对发展的约束，为中国经济的持续性增长与创新发展路径转变提供了可能。

在经济数字化的进程中，数据作为新型的生产要素，对原有的生产要素会起到赋能与替代的双重效应，改变价值生产过程。Maryam 与 Laura（2020）通过构建模型推出结论，企业可以通过大数据的不断积累进行动态调整，降低生产中的不确定性从而刺激生产率的提高。王谦与付晓东（2021）认为，数据这一要素能够通过一些技术特性带动经济整体快速增长。首先，数据在生产中具有极强的渗透性，它可以赋能劳动力、技术、资本等多个要素，在生产与流通过程中不断实现最大程度的价值化。例如，滴滴平台中的司机通过大数据的精准定位与路程优化，可以提高运营效率；企业通过大数据的积累分析可以确定用户需求从而定制化生产商品，以减少生产中的成本支出。其次，数据具有虚拟替代性。不同于过去生产活动必须依靠固定的厂房与土地，在经济数字化发展的后期，伴随着新发展格局下新企业的不断涌现，逐渐出现一些虚拟科技园区以及产业园区的组织形式，通过数字技术的介入在线上平台一体化直接完成交易过程，并将交易订单传送至机器端量产，削弱土地与劳动力两大要素在价值创造过程中的作用，通过新要素的介入实现创新发展。

（二）数字化劳动扩大化价值创造

在经济数字化的过程中，劳动的内涵以及形式具有了深层次的变化，衍生出数字劳动的新形式，深刻地改变着人们的生活方式。从马克思提出的在劳动中关键的三个要素来看，数字劳动是通过对互联网体系下各线上劳动力的投入，借助劳动资料进一步改变劳动对象，使得其与劳动相结合，生产出对再次生产以及消费等有价值的产品。从数字劳动自身来看，数字劳动是将生产与价值创造统一结合的一个永续联动过程。首先，从有目的活动或劳动本身出发，数字劳动实质上需要线上的劳动力投入大量的时间去浏览各个网页，同时对商品以及各种信息进行讨论反馈，或者进行自主转发推广，继而消耗参与者的大量脑力与体力。参与数字劳动的线上群体建立了广泛的线上朋友圈体系，通过浏览网页可以获得大量消息满足自身娱乐以及实现提升其知识与商品服务改进需要，从而获得社交属性与生活改善的满足感。其次，劳动对象则是线上参与者的思想言论、交互信息以及自身情感等，通过大量不同劳动对象信息的相互结合与对比加工，可以催生出有效大数据，进一步指导生产与创造价值。最后，劳动资料已经普遍式融入人们生活的电子设备以及互联网等终端，在数字化升级的过程中，使得劳动资料与劳动者密切融合在一起。

从生产关系展开来看，以往的价值创造过程中生产资料属于资本家单独占有，劳动者只有唯一的劳动力，因此企业雇佣劳动者向其支付工资，通过其劳动过程获得生产价值与剩余价值，实现资本的增值。在数字劳动价值创造的过程中，资本家与劳动者之间的关系发生了变化，并非一种雇佣关系，表面上看是类似于"平等的合作"关系，劳动者在互联网平台与媒体中浏览各种商品信息或获取各种前沿新闻资讯，平台通过自身投入搭建的算法为其进行有针对性地推荐，并对相关信息进行加工处理，将这些信息带给消费者。因此，中国的数字化在发展过程中，正在通过构建共享的数据库尝试削弱平台对其数据的垄断效应，促进新时代下各主体间协调发展。

二、数字化交换环节

（一）数字化交换实现信息透明

交换这一环节是连接供给端与需求端的关键点，在过去的市场中，消费者大多处于交换中的劣势地位，缺少获得信息的透明渠道，只能被动地接受产品或进行投资。这样的循环过程只会造成优质商品或投资机会被逐步淘汰，而使得生产残次品的企业获得高额利润，从而产生所谓的"柠檬市场"。伴随数字化技术的出现，数字化基础设施的建设与范围逐步扩大，越来越多的受众可以通过媒体平台及时获得最新信息，了解并掌握所需产品所在的专业领域，从而降低交易成本与沟通成本，从而可以自我进行对比分析在获得既定条件下的最优购买决策。同时，一些生产者将数字化技术应用于生产周转链的追踪上，有利于消费者溯源所购买商品的真实来源与生产情况，从而大幅度减少在市场中的劣质品，进而赋能改变传统行业，促进企业的高质量转型升级。同时，信息的透明度之间是相互的，数字化在满足消费者高层次需求的同时，也对供应端起到了正反馈的作用。企业可以及时捕捉消费者需求的动态变化，同时将数字技术应用到企业的管理之中，使得供给端整个流程更加专业化与品质化，从而打造良好的品控宣传。这样做，有利于吸引投资，从而使得企业整个生产建立在一个良性的内循环体系中。

（二）数字化交换打破时空限制

在经济活动过程中，生产是创造价值的首要条件，而交换决定了价值的实现，因此交换过程是其中至关重要的一环。在过去的交易过程中，许多生产活动都要受限于在同一空间和时间内进行，但是数字化的出现打破了这一限制。在新发展格局的大浪潮中，逐步催生出"数字游民"这一新现象，即拥有线上技能支撑的劳动者不用拘泥于办公室的限制，可以通过互联网的媒介远程提供对等的有偿服务，从而使生产调控的流程更加灵活化。这一方面能够降低劳动者的生产与生活资料的成本。例如，降低当下年轻人在一线城市高昂的租房成本等，打破时空限制进而改善劳动者的生活质量，同时可以降低企业租赁办公室的成本，整体缩小企业的生产成本从而降低产品价格，从而减缓通货膨胀的压力，也间接改善中国房地产价格过高对经济发展的限制影响。另一方面能够为劳动者节省更多的交通时间成本，使得劳动者有充分闲暇时间进行消费，对提升国内内循环的主体地位具有正向引领作用。另外，这一特点在国外大循环中可以更好地继承发展，过去很多对外贸易都要负担高昂的流通成本，对贸易发展会起到限制作用。现在利用大数据的精准匹配功能，可以建立集远程在线数字展示、在线撮合与在线服务于一体的全新外贸模式，让国外的购买者可以在线直观感受商品，节省交易成本，为中国企业拓展国外市场提供有利条件。

三、数字化分配环节

（一）数字化分配提升社会福利

在数字化的生产阶段中，已经可以看到消费者可以通过平台时间的消耗生产出有用的信息即数据，而且在同一资本循环过程中数据具有生产要素与最终商品的两种形态，那么必然会涉及一个分配的问题。一般来说，生产中的关系会对分配关系起到决定作用，同时要素格局市场的改变在长期会影响到社会的收入分配，因而必须从生产关系的角度出发对分配关系进行研究。

在初始阶段，经济的数字化程度没有达到一定的规模时，消费者利用闲散的时间在各个互联网平台中浏览产生的零散的信息，不具有生产价值，不能作为要素来进行分析。但是，随着经济数字化的程度逐渐由数字消费渗透进入数字生产之后，有用信息积聚整合下产生的数据，可以通过生产过程产生剩余价值，即数据在具有价值化与资产化的特征后，此时则需要对分配关系进行重点分析。在整个生产过程中，劳动者是通过浏览信息的劳动生产出了大量可供分析的原始数据，平台通过算法技术对初始数据进行储存、归纳、处理与分析得出二次数据。在这种环节之后，数据转变为可再度投入生产过程中的生产资料并被平台企业所占据。事实上，在整个生产过程中，平台企业是浏览信息的初始要素提供者，而浏览信息的劳动者是最终产品的生产者。根据中国的实际情况，党的十九届四中全会确定了数据这一新型生产要素能够参与分配的重要地位。在社会主义的初级阶段，非公有制下数字生产要素的配置应当由数字生产要素的所有者即企业按市场的规则进行配置，以激发企业家进行创新的动力。信息的生产者则以生产数据所付出的劳动量为根据，通过按劳分配的原则进行最终产品的分配。未来进一步发展到共产主义社会，生产资料公有制决定公有的数据要素必然由社会主义全民共享，以体现最大化要素的活力与促进社会公平。

（二）数字化分配优化资源配置

数字化的分配方式不仅对微观数据所有者和数据生产者之间的分配关系进行再调节，而且在整个宏观层面优化并改变了市场与政府间的资源配置方式。市场凭借着数字技术利用平台优势将具有针对性的供需关系相匹配，有利于帮助消费者快速选择最佳商品，提升消费者福利水平，通过控制企业的生产数量提升企业生产效率，并逐步探索定制化商品生产模式，使得社会中的产业结构可以根据消费者的效用与产能变化进行动态调节。这样做在整体上降低市场调控的盲目性，会减少政府对市场的干预，最大限度地维持市场"这只隐形手"的自我调控能力。在一些市场触达不到或者无法发挥作用的地方，经济数字化就可以为政府进行宏观监督与调控提供精准支持。一方面，在数字化的政务体系中，政府能够更加快速地获取信息，同时可以设置预警标准，对经济过程中的发展变化能够随时感知，以便更好地把控经济发展的大趋势，避免出现不可调控的状况。另一方面，政府可以通过数据推断并监测产业未来发展走向，对产业间的调控政策与财政政策可以更加精准传达，为新时代整个经济体系的基础稳定提供保障。所以从整体上说，经济数字化在分配环节具有维持"双循环"发展的稳定性与宏观调控的精准可行性的明显特点。

同时，在数字化的整体迁移变化过程中，也存在一些问题，例如，诸多互联网企业凭借数字技术在生产端占据领先优势后，逐步扩大自身企业规模，将整个链条打通并发展到国外，从而构建垄断格局。因而，中国需要结合实际国情循序渐进，逐步提升中国企业在国际市场中的核心技术竞争力与标准化运营管理。

四、数字化消费环节

（一）数字化消费促进价值实现

在价值创造理论中，只有消费者在购买商品获得使用价值后，经济循环中的这一闭环才真正得以实现。因而经济数字化在新发展格局下最明显的推动效应是带来消费模式的大变革，改变消费者的体验方式，将线上消费与线下消费相结合，并深入地渗透到消费者的生活当中，促进消费的高质量实现。中国凭借着人口基数大与消费者整体数字化程度较高的相对优势，在全球电商消费中占比最高，为中国消费行业发展提供了足够强大的需求方面支撑。从供给端来看，在原有成熟的 B2C 和 C2C 商业模式下，即买方在平台下单商品后，由卖家通过物流寄送至买方实现交易过程，实质上已经拉动了消费的发展。在新发展格局下，人们的消费是逐步升级的，不仅追求过去的实物价格优惠与可获得的便利，更注重消费的体验感与质量，但受限原有的线上与线下分割，人们对一些服务性行业以及对购买商品无法实时感知，消费者的体验感整体较差。

为进一步释放高质量消费潜力，各平台不断在发展中融入新思路与创新发展形式，目前，随着人们的消费需求结构不断改善，呈现出以下几个新兴营销模式，一是带动不可转移的服务性行业，如出现 O2O（Online To Offline）模式，这是一种新兴的商务模式，即将线下商店的打折或各类信息整合推送给互联网用户群，通过线上互联网营销或预约渠道带动线下的交易，让线上的消费者可以到实体店真实接触产品，使其体验到数字化消费的升级。二是"短视频＋直播"模式，如小红书等一些电商平台为吸引被动消费，品牌商开始寻求吸引流量的新零售渠道，将线下的宣传活动通过直播平台进行，利用有影响力的关键意见领袖（KOL）以及明星效应刺激消费。同时由传统的流量营销转向内容深度互动媒体形式，平台可以通过大量收集高质量消费者数据分析其偏好，增强客户与平台间的黏性，由规模化转向多元化转变，利用新兴的渠道提升客户的消费体验，通过多种渠道促进消费结构与模式的改善，多重角度助力中国经济高质量内循环价值的实现。

（二）数字化消费驱动价值共创

传统的价值创造是单一企业内部决定价值，然后将产品放到市场中进行交易进一步实现价值。在新发展格局下，企业不仅要关注于高质量的价值实现的一轮闭环，更要关注其价值实现的连续性，将目光聚焦新型价值共创的创新发展方式。价值共创是指企业通过实际生产，而消费者通过间接评论或者购买量等行为产生真实需求进而影响生产的一个协同过程，使得企业生产由过往的关注其内部成本要素，转向关注其外部的需求端，而这恰恰是实现经济高质量发展的一个核心转变。数据能够对经济增长与发展方式的转变起到促进作用，通过对大数据的比较分析可以精确的定位消费者的需求与企业生产的供应量，促进供需关系的匹配，提高市场资源配置的效率。同时平台可进一步通过消费端逐步影响供给端，创造出来新的需求，也可以为新发展格局下国内消费市场的赋能打下良好的基础，为市场中各个主体实现价值共创起到重要推动作用。

新发展格局下要促进国内循环的战略实施，企业可以借助数字经济这一新模式获得更大的竞争优势，逐步转变消费者的角色，整合产品链上的消费者资源，将其由传统的单一消费转变为消费与生产同时多维度进行，从而促进整个循环过程的可持续发展。例如，淘宝、京东等一些平台的厂商已经逐步通过整合消费者的评价数据，通过大数据精准分析捕捉用户的需求进行产品的更新升级。同时伴随着消费者对产品质量体验感的提升，用户群体内部会自发形成一波消费浪潮，对消费体验感较好的产品，用户会在微信、微博与小红书等平台上进行推广，并通过留言互动解决相关产品的问题，这样就相当于为企业节省宣传成本与人力成本，并使得产品可以最大限度满足用户需求。

第三节　新发展格局下经济数字化发展升级路径

在新发展格局战略下，不仅是单一的数字化技术与大数据效应对实体经济的发展起到了拉动作用，金融资本这一带有极强衍生性的资源在发展中与其他要素协同一体，也在数字化转型的过程中助力企业与宏观经济提质增效。首先，在微观的企业层面，诸多学者对金融数字化进行了研究。唐松等（2020）认为，金融数字化能够推动企业技术创新并解决融资约束难题，赋予企业发展活力。袁胜军等（2021）认为，技术创新与其决定因素（如数字经济、银行融资、和金融风险等）之间存在长期稳定的关系，数字化可以降低财务风险进而促使银行提供资金支持企业创新。马连福与杜善重（2021）指出，金融数字化可以借助资源与信息的双重效应，增加企业应对风险的能力，进一步提升企业价值。

在宏观的产业与经济层面，经济数字化的辐射影响进一步渗透到宏观经济发展的过程中，这就需要更多金融资本融入，通过区块链这一关键的底层技术赋能金融创新，从而推动整体产业顺利获得融资，改善结构问题。滕磊与马德功（2020）通过构建回归模型与实证检验，金融数字化在促进经济高质量发展过程中确实起到推动作用。谢绚丽等（2018）提出，金融数字化可以拉动一些经济欠发达省份的小微企业进行创业，深层次发挥普惠金融作用，缩小地区间差距实现长远发展。从整体来看，金融数字化将为新发展格局下经济整体高质量发展提供升级路径。

一、金融数字化打造企业核心竞争力

（一）金融数字化解决企业融资难题

金融发展最重要的基本前提是资金，受资金约束的企业在发展中会经常通过其供应链下游企业信用担保的方式去银行贷款，但是实际运行中现金流、信息流、物流等信息无法统一，信息不对称等问题限制着企业的发展。企业融资难主要是银行的贷款过程需要众多人工流程的审核保证银行贷出资本的安全性，由于银行的资金链是从诸多居民的存款转化而来的，一旦企业无法还款则会对银行资金链的正常流转产生巨大的压力，进而影响整个宏观金融的审慎性。随着数字化融入现代金融的发展业态中，则会改变这一现状，发挥金融资本推动实体经济快速发展的作用。其中关键的一环在于，金融数字化可以改变信用的外在定律，有效的解决资金供需双方间的问题。不同于传统的银行人员尽职调查与抵押品授信，数字化银行借助大数据的信息收集能力，通过将整个企业的风险程度与偿还能力进行系统性量化来进行贷款的发放，从而提高信贷审批的效率。在这一过程中，信用的表现形式其实是升级的。一般来说，实物的抵押担保会产生外在化的信用，并且优势这种信用是难以辨别的，如解决票据流转、仓单重复质押等问题等。数据赋能的金融可以通过区块链技术量化一个企业所内含的信用，不需要借助其外在的其他物质量化，从而提升量化的真实性与效率。目前在政府政策的引导与支持下，各类基于区块链技术的银行贷款体系、对外贸易与资本平台发展迅速，为新发展格局下企业创新内生发展提供大力支持。

同时，在传统商业模式中的企业是通过提高售出商品价格，或是降低制造商品的成本来扩大利润的，利润都来自商品本身。随着数字化的转型，企业逐渐开拓了除产品外的新利润来源渠道，形成了新型的盈利模式与风险机制。首先，从平台与消费者间的关系来看，由于很多平台初期提供的商品和服务是免费的。具体可以从互联网经济的盈利模式中观察到，平台主要的利润来源是通过向其中投放广告的商家征收广告费用，同时这一部分的收入是提前支付的，在不确定因素影响下对未来售出产品回收现金流的预测是不稳定的。这就说明企业需要提前支付费用，无法预测资金的回流能力，承担了现金流紧缺甚至断裂的风险。实际上金融的本质则是在管控风险的基础上，通过资金与风险的合理配置来进行资源的优化配置。数字化技术可以赋能银行等金融机构利用大数据构建模型进行精准预测市场行情数据，或设置数字化动态风险监控体系，实时掌握各企业的经营情况，预估其未来收益，在稳控风险下对其进行资金的贷款支持。这一趋势在有效解决互联网平台中各企业融资问题的同时，可以提升贷款的安全边际，控制系统性风险。

（二）金融数字化强化企业规模收益

首先，在经济数字化出现之前，人们都是主动进行消费一些其所需求的线下实体产品，而在经济数字化的浪潮中，传统企业正在改变原来的单一线下销售模式，逐步转向利用互联网平台进行销售的模式，由此产生新型的定价机制。根据互联网级差收益理论，可将数字经济背景下平台的收益转化为平台地租价值进行进一步探析。同时，数字经济背景下平台存在所有者与使用者两类人，所有者对其拥有的数字平台具有绝对的垄断权，而使用者可以再分为两类，一类是入驻的企业需要提前支付来获得使用资格（投放广告、电商经营等），另一类是通过浏览网页或观看广告的使用者，即数字劳动者。

其次，对可量化的第一类使用者所缴纳的租金进行研究。一般使用者所支付的入驻平台费用是数字平台的绝对地租，可以客户规模、数据的整合能力以及技术水平等条件将数字平台的级差收益区分开来。数字经济的虚拟性将这种收益进行放大，是平台间收益分化的关键所在。一方面，平台的绝对价值是网络基建初始开拓和技术创新研发所投入的人类劳动形成的价值，这部分是由社会必要劳动时间所确定的。当经济数字化发展到一定程度的规模时，这部分前期投入的价值呈现边际成本递减的趋势，逐步趋于零。另一方面，由于平台经济自身的特殊性质，如共享属性等带来的大量溢出价值，即虚拟价值。另外，新媒体媒介促使劳动者在闲暇时间投入大量时间进入社交或电商平台，为平台所有者提供丰富的互动内容以及可转化为生产要素的大量数据。特别是当分散的数据信息通过整合处理之后，可以被用来提高平台规模化与垄断地位，平台由此可以占据更大的利益分配比重。进而，平台所有者可以凭借其对用户资源的掌控优势，进一步吸引商家进入。

综上，数字经济背景下平台所有者主要是通过垄断权获得收益，其收益包括绝对收益和级差收益两部分，其中级差收益由边际收益递减的劳动价值与规模性、复制性和共享性等特点产生的虚拟价值所决定。同时，数字劳动者为平台所有者带来利润的途径是通过提供数据资源，从而为其规模性与垄断权所带来的价值转移起重要推动作用。平台形成规模的关键是在需要数字技术支撑的同时，金融资本的注入在其中发挥了关键作用。金融资本一方面通过与数字技术要素的融合，强化数字基础设施的应用与升级，增加绝对收益；另一方面，通过在不同渠道大规模定向投放广告为平台吸引用户群体，增加流量数据，进而带来数据的自我衍生的规模效应，增加级差收益。在新发展格局中，通过金融资本的介入融合将更加稳定地形成企业的竞争壁垒，从而使其获得稳定收益，为企业进行持续创新与价值提升提供支撑。

（三）金融数字化构建企业生态链

在整个经济数字化带来技术革命大浪潮的过程中，会不断涌现一些新兴企业，加入平台经济的整个产业竞争中，而维持一个企业不断自我衍生的竞争优势则需要持续的技术升级支撑、挖掘创新点维护与吸引流量。利用金融资本注入的优势，不断更新构建高级别的顶层设计，突破企业竞争壁垒。例如，以拼多多为首出现的补贴福利吸引购买用户群体大战，微信与支付宝两大支付软件的用户占领事件，美团、ofo与哈啰共享单车的曲折发展过程等。在这些现象的背后，更多的是金融资本发挥了核心作用，资本的融通能够更好地助力企业进行技术创新升级与生态链打造，为发展提供强大的支撑，这是中国经济数字化的一大特色。

二、金融数字化推动经济整体转型升级

综上，可以通过改变信用机制、风险机制与定价机制来促进传统金融现代化发展，帮助中小企业进行融资，但这并非发展的目的所在，现代金融更多的是充当将高新科技能有效地转变成新产业的媒介，利用区块链技术为整体宏观产业升级赋能。

（一）金融数字化促进普惠金融落地

金融作为供需两端的连接渠道，其自身的存在就是持续解决短缺性问题，形成资源整合的普惠效应，而通过数字化的广泛连接与规模效应，有利于快速推进普惠金融真正地渗透到社会运转体系之中。首先，大数据与云计算技术的变革式发展，可以使银行对中小微企业融资需求与还款能力实行精准画像，从而灵活掌握信贷的定价体系，同时可以保证前期的风险控制，在服务实体经济和实现收益的同时，保持金融系统的稳定性。其次，普惠金融的主要受众是小型企业与三农产业，其整体的资本实力与科技创新能力较弱，因而金融数字化的普及能够快速地填补其发展受限的空白。在农村地区布控科技设备，推动新型移动支付模式全覆盖，为农村地区发展注入新活力。同时，可以通过大数据测算，因地制宜，将资金用于解决农民安居问题与失业问题，并支持农村特色生态产业的发展和促进农民增收。最后，普惠金融可以渗透到农村小微零售业态当中，通过资本支持与数字化赋能电商、物流与售后等全产业链发展，带动农村的消费升级，改

善农村与城市间的数字技术差距扩大的问题，为促进国内高质量发展提供良好基础。

（二）金融数字化赋能产业转型升级

在经济发展的更高阶段，科技的推动力能否有效引领经济结构的转型发展，金融数字化在其中发挥着关键的作用。通过金融和产业数字化的发展，能够促使金融与产业两大领域通过数据搭建紧密的关系，借助金融资本的引流与扩张效应，在产业增长中发挥作用。与此同时，金融资本要重点发挥自己的资源配置作用与对经济发展方式的调节作用。

参 考 文 献

[1] 成卓，刘国艳 . 面向大数据时代的数字经济发展举措研究 [M]. 北京：
人民出版社，2019.

[2] 邓超，李宝平，李兴旺 . 数字图像处理与模式识别研究 [M]. 北京：地
质出版社，2018.

[3] 董晓松 . 中国数字经济及其空间关联 [M]. 北京：社会科学文献出版社，
2018.

[4] 杜庆昊 . 数字经济协同治理 [M]. 长沙：湖南人民出版社，2020.

[5] 范渊 . 数字经济时代的智慧城市与信息安全 [M]. 北京：电子工业出版社，
2019.

[6] 龚勇 . 数字经济发展与企业变革 [M]. 北京：中国商业出版社，2020.

[7] 侯欣洁 . 国外数字出版全球化发展战略研究 [M]. 北京：知识产权出版社，
2018.

[8] 华强森，沙莎，倪以理 . 崛起的中国数字经济 [M]. 上海：上海交通大
学出版社，2018.

[9] 纪雯雯 . 数字经济下的新就业与劳动关系变化 [M]. 北京：社会科学文
献出版社，2019.

[10] 蒋剑豪，文丹枫，刘湘云 . 数字经济时代区块链产业案例与分析 [M].
北京：经济管理出版社，2018.

[11] 李娇娇 . 经济数学 [M]. 合肥：合肥工业大学出版社，2018.

[12] 李晓钟.数字经济下中国产业转型升级研究 [M].杭州：浙江大学出版社，2018.

[13] 刘文献，李利珍.共享数字新经济 [M].北京：中国商务出版社，2018.

[14] 聂玉声.区块链与数字经济时代 [M].天津：天津人民出版社，2019.

[15] 逄健.数字经济时代公司创业的机会把握之道 [M].成都：四川大学出版社，2019.

[16] 钱志新.数字新经济 [M].南京：南京大学出版社，2018.

[17] 全颖，郑策.数字经济时代下金融科技信用风险防控研究 [M].长春：吉林人民出版社，2019.

[18] 申卫星.数字经济与网络法治研究 [M].北京：中国人民大学出版社，2018.

[19] 沈玉良，李墨丝，李海英.全球数字贸易规则研究 [M].上海：复旦大学出版社，2018.

[20] 王春云.数字化经济后资本测度研究 [M].北京：中国统计出版社，2019.

[21] 王建冬，陈建龙.迈向数字经济 [M].北京：社会科学文献出版社，2019.

[22] 王世渝.数字经济驱动的全球化 [M].北京：中国民主法制出版社，2020.

[23] 王振，惠志斌.全球数字经济竞争力发展报告 [M].北京：社会科学文献出版社，2019.

[24] 魏一鸣.中国能源经济数字图解 [M].北京：经济管理出版社，2019.

[25] 徐雯.数字经济下会计理论与实践创新研究 [M].延吉：延边大学出版社，2019.

[26] 颜阳，王斌，邹均．区块链＋赋能数字经济 [M].北京：机械工业出版社，2018.

[27] 姚建华．数字经济中的劳工组织 [M].北京：商务印书馆，2019.

[28] 易高峰，常玉苗，李双玲．数字经济与创新创业管理实务 [M].北京：中国经济出版社，2019.

[29] 易高峰．数字经济与创新管理实务 [M].北京：中国经济出版社，2018.

[30] 岳本勇，陈静，张媛．数字经济导论 [M].长春：吉林大学出版社，2018.

[31] 张彬．数字经济时代网络综合治理研究 [M].北京：北京邮电大学出版社，2019.

[32] 张世如．数字经济背景下价值评估研究 [M].北京：中国财政经济出版社，2019.

[33] 赵启纯．电子商务与数字经济 [M].天津：天津科学技术出版社，2018.

[34] 朱发仓．数字经济统计测度研究 [M].北京：经济科学出版社，2019.

[35] 朱晓明．走向数字经济 [M].上海：上海交通大学出版社，2018.